KB273946

에너지 클러스터와
첨단과학도시 경영

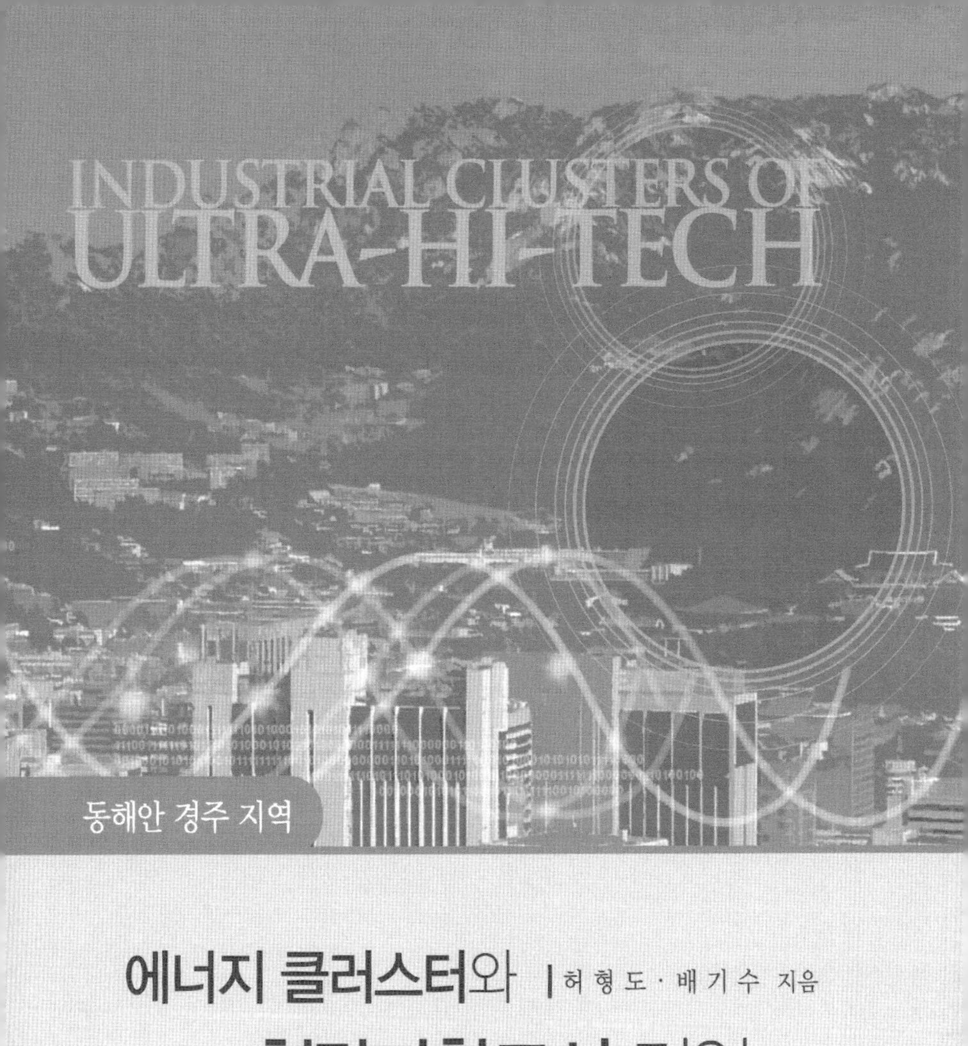

INDUSTRIAL CLUSTERS OF ULTRA-HI-TECH

동해안 경주 지역

에너지 클러스터와 첨단과학도시 경영

허 형 도 · 배 기 수 지음

KSI 한국학술정보[주]

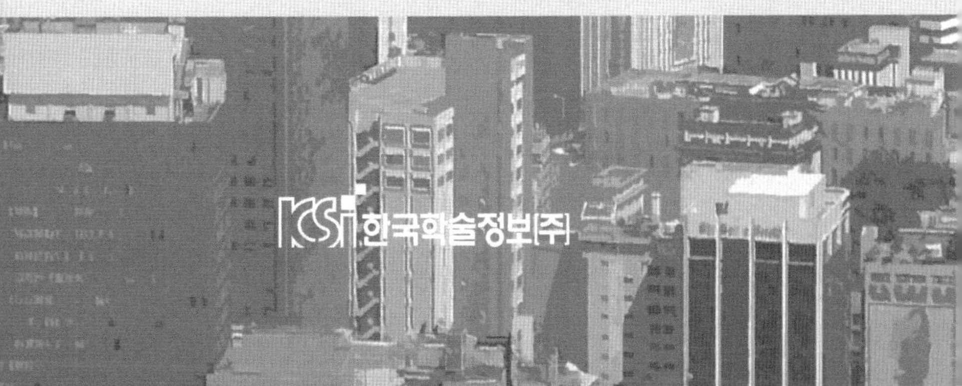

머리말

　최근 방폐장과 양성자가속기 유치 및 한수원 본사 이전 등 현재 경주는 그 어느 때보다 혁신적인 변화의 한가운데 있다. 또한 원자력발전소를 기점으로 동해안 지역은 방사광가속기, 풍력발전소 등 에너지 관련 시설의 집중화가 이루어져 있어 향후 스페인 바스크지방과 같이 에너지 클러스터로 확장될 것으로 기대된다. 동해안 에너지 클러스터는 울진－영덕－포항－경주－울산을 잇는 동해안 지역 에너지 벨트 구축과 방폐장 유치 지역을 중심으로 에너지·환경기업도시 조성을 기본적인 추진방향으로 하여, 원전과 풍력발전단지 조성, 중저준위 방폐장과 양성자가속기 건설, 첨단퓨전기술연구소 건립, 사이언스 빌리지 조성 등을 주요 사업내용으로 하고 있다.

　본서에서는 양성자가속기 기술 및 과학과 지역혁신체계에 관련된 문헌과 통계를 바탕으로 양성자가속과학과 같은 최첨단기술의 혁신체계의 기본골격을 구성해 보고 해외의 첨단과학기술 거점을 사례 분석하여 현상을 정리하여 적용가능성을 찾아보았다. 그리고 이들 지역을 둘러싸고 있는 환경을 분석하여 경주 지역이 안고 있는 과제를 추출하고자 하였다. 또한 본서에서는 혁신체계 내에서 행위자들의 역할과 기능적 측면에 관심을 두고, 경주 첨단과학도시 구축 기본방향과 금융인프라 구축이라는 범위 내에서 다루었다.

2007년 저자 씀

목 차

1

우리나라의 에너지환경과 첨단과학도시 조성

제1절 우리나라 에너지 여건과 원자력의 역할

우리나라 에너지시장은 삶의 질 향상에 따른 환경 및 복지 욕구가 증대하고 소득향상에 따른 에너지소비가 고급화함에 따라 에너지 수요도가 지속적으로 증가할 것으로 전망된다(1차 에너지 기준으로 2030년까지 연평균 2.2% 증가). 이에 따라 최근 정부는 '희망한국의 미래동력 에너지비전2030'을 계획하여 지속성장을 뒷받침하는 에너지의 안정적 공급, 효율적인 에너지사용, 환경 친화적인 에너지정책의 수립 및 구현을 기본방향으로 2030년까지 국내 소비량의 1/3 수준을 자주개발로 충당할 것을 목표로 신재생에너지 확대 보급을 통한 에너지 자급률 제고, 총수요 관리를 통한 에너지 원단위의 선진국 수준으로 개선, 화석연료에 의존하는 에너지 공급구조의 탈피로 탈석유사회의 실현하는 등 2016년까지 에너지빈곤층을 제로화하여 더불어 사는 열린 에너지사회를 구현하고 2030년까지 에너지기술을 세계 최고 수준으로 발전시켜 에너지 설비 및 기술 수출국으로 도약하고자 한다.

이를 위해 자원 정상외교를 통한 범국가적 역량을 집중시키고 수소경제 기반 구축 및 신재생에너지 보급을 확대를 꾀한다. 나아가 에너지효율을 획기적으로 개선하여 국민생활에 필수적인 최저 에너지를 확보하는 에너지복지를 확충시키려 하고 있다. 이러한 에너지복지는 에너지의 보편적 서비스에 대한 사회적 요구가 확산되고, 에너지가 인간다운 생활을 위한 필수재화라는 인식이 제고됨에 따라 그 필요성이 가중되고 있다. 에너지복지는 기초에너지 사용보장을 통한 에너지 기본권 실현이 관건인데 이는 최저에너지 사용기준 정립 및 기초생활수급자 광열비 현실화의 토대 위에 이루어져야 하며 사회적 형평성을 고려한 에너지 가격구조 정비 또한 필요하다.

국내 에너지공급의 40%를 차지하고 있는 원자력발전은 전력수요 증가의 효과적 대응이나 전기요금 안정에 그 기여도가 막중할 뿐만 아니라 준국산 에너지로 에너지 수입의존도 완화에 큰 역할을 하고 있다. 따라서 정부는 원자력산업에 지대한 관심을 가지고 그동안의 원전정책을 평가하고 반성하여 공론화를 통한 사회적비용을 최소화시키고 원전 및 방폐장 건설을 착실히 추진시키려 하고 있다. 최근 세계 원전시장은 1980년대 후반, 1990년대의 침체기를 벗어나 신고유가, 기후변화협약 등으로 원전의 중요성을 재인식하여 원전설비용량의 증가세가 회복되고 있는 추세이다. 중국·인도 등이 원자력 발전 확대를 주도하는 가운데 미국·프랑스 등은 기술개발 위주로, 스위스·스웨덴 등은 원자력의 재인식으로 신규 원전시장 확대에 대응하여 업계의 제휴, 통합이 활발히 추진되고 있는 실정이다.

우리나라도 1980~1990년대 자립화기반 구축을 통하여 2000년대에 들어와 기술고도화로 경쟁력이 제고되고 방폐장 유치 성공으로 원전수용도가 크게 개선될 전망이다. 19년간 표류해 온 방폐장 부지 선정 성공은 모범적인 갈등관리모델에 기여되었으나 원전건설사업의 지연, 지역지원에 대한 요구증대 등으로 아직도 원전건설에 대한 명확한 방향성이 정립되지 않아 사회적 비용이 크게 발생하고 있는 실정이다. 따라서 원전정책 공론화를 본격 시작하여 사회적 비용을 최소화시키고 원자력의 국가 에너지 Mix에서의 적정한 역할 정립이 국가에너지 정책 방향에 중대한 과제가 될 것이다.

[표 1-1] 주요국의 원전 정책방향

정책방향	국가	정책내용
원적건설 적극 추진	미국	2005년 에너지법 제정 원전건설 인센티브 제공
	일본	원자력 입국계획 수립, 원전비중 30~40% 확대 발표
	중국	2020년까지 원전 30기 건설 추진
	인도	2020년까지 원전 17기 건설 추진
원전 긍정적 검토	캐나다	노후원전 재가동 및 설비교체 지원
	영국	2006.7월 원자력발전 지지, 에너지 정책 발표
	인도네시아	2025년까지 원전 4기 건설 검토 중
	베트남	2017년까지 원전 4기 건설 검토 중
반원전에서 정책변동	스웨덴	2097년 원전의 단계적 축소를 법으로 규정, 2002년 원전폐지 기한을 규정하지 않는 것으로 법 개정
	네덜란드	2000년 원전 폐쇄를 결정하였으나, 2006년~2033년까지 계속 운전 허가
	스위스	2003년 국민 투표에서 원전건설 중지결정 법률 연장 부결
반원전 정책	벨기에	2003년 원전건설을 법으로 금지
	독일	원전 단계적으로 축소 중(2002년 원전폐지법 통과)

자료: 산업자원부

[표 1-2] 우리나라 원자력산업의 쟁점사항

구 분	추진논리	반대논리
경제성	발전단가 저렴	원전 해체비용, 방폐물 유지관리비용 재평가 필요
안정성	20년간 사고 전무 세계최고수준의 고장률(호기당 0.5건/년)	원전 사고피해 범위와 심각성 우려
친환경성	화석연료에 비해 CO_2 배출량 1%~10%수준	핵연료 주기 전체를 고려하면 배출량 증가
공급 안정성	우라늄의 고른 분포, 낮은 연료비 비중	우라늄 가격상승, 매장량 한계 지적
공급대체 가능성	신재생에너지와 원자력은 상생 보완관계	원자력을 대체하여 신재생에너지, LNG 확대

자료: 산업자원부

제 2 절 첨단과학도시 조성 환경

방폐장 유치, 양성자가속기 유치 및 한수원 본사 이전 등 현재 경주는 그 어느 때보다 혁신적인 변화의 한가운데 있다. 원자력 발전소를 기점으로 동해안 지역은 방사광가속기, 풍력발전소 등 에너지 관련 시설의 집중화가 이루어져 있어 향후 스페인 바스크 지방과 같이 에너지 클러스터로 확장될 것으로 기대된다. 동해안 에너지 클러스터는 울진-영덕-포항-경주-울산을 잇는 동해안 지역 에너지 벨트 구축과 방폐장 유치 지역을 중심으로 에너지·환경기업도시 조성을 기본적인 추진방향으로 하여, 원전과 풍력 발전단지 조성, 중저준위 방폐장과 양성자가속기 건설, 첨단퓨전

기술연구소 건립, 사이언스 빌리지 조성 등을 주요 사업내용으로 하고 있다.

특히, 경주에 유치되는 한수원 본사 이외에 대구·경북으로 이전하는 한국가스공사 및 한국전력기술도 경주 첨단과학도시건설에 영향을 미칠 것이다. 또한 정부가 신재생에너지에 대한 지원금액을 올해부터 매년 20% 이상씩 늘릴 계획을 발표한 것은 동해안 에너지 클러스터가 국내 신재생에너지 산업을 주도할 수 있는 가능성을 높여주었다. 이에 본서에서는 전체적인 관점에서 경주에 유치되는 첨단과학기술 및 시설들을 동해안 에너지 클러스터의 연장선상에서 바람직한 발전방향을 조명해 보고자 하였다.

본서에서는 동해안 에너지 클러스터와 연계하여 경주시 첨단과학도시건설에 관한 기초자료를 수록하였다. 즉 한수원 본사 유치, 방폐장 유치 및 양성자가속기 유치 등을 중심으로 한 첨단과학 연구권의 실현, 연관되는 첨단과학 및 산업 활동의 진전, 연관 지역의 생활환경 향상과 지역의 장기 발전 계획과의 조화, 국제성이 풍부한 새로운 도시의 추진과 같은 순기능적 최첨단기술 산업 클러스터(industrial clusters of ultra-hi-tech)를 달성하기 위한 전략적 토대가 되는 기본모델인 첨단과학도시의 기본방향을 발견하는 데 목적을 두고 있다. 특히 시너지 효과를 극대화할 수 있는 네트워크의 형성이라는 소프트웨어적인 측면을 강조하면서, 시스템의 구축(building)보다는 운용(operating) 가능한 모델의 발견과 참여자의 역할과 기능을 찾는 데 노력을 집중하고자 한다. 최근 경주 지역은 양성자가속기를 기반으로 하는 혁신클러스터(Proton

Accelerator-Based Innovation Cluster; PABIC) 계획을 추진하고 있어, 초급·고급기술 거점형성의 가능성 지역으로 부상하고 있다. 양성자가속기는 현대과학이 직면한 최첨단인 동시에 최대의 제(諸) 과제의 해결을 위한 선택으로 인식되고 있다.[1] 양성자가속기는 물질을 생성시키고 물성을 변화시키는 원천기술의 생산 장치인데 앞으로 2012년 3월까지 사업비 1,286억 원이 투자될 예정이다.[2] 사업결과 국가적 총 경제적 가치는 연간 3.5조 원이 될 것으로 평가하고 있다.[3]

양성자가속 시설을 이용하면, 소립자 물리, 원자핵 물리, 물질과학, 생명과학, 원자력 공학의 분야에 있어서 세계 최첨단의 연구가 이행될 수 있을 것으로 생각된다. 양성자를 이용한 연구는 물질과학이나 생명과학 등 여러 분야에 있어서 기초적인 연구진전과 더불어 폭넓은 산업기술에 관련된 연구개발이 활발하게 이행될 것으로 기대되고 있다.

그러나 양성자 가속장치는 단지 첨단 과학연구만이 아니라 대단히 넓은 사회적 응용의 가능성을 갖고 있기 때문에 지역의 이해와 협력을 언어야 그 유효성을 크게 확대할 수 있다. 따라서 지역의 현상을 파악한 후 국내외의 여러 가지 선진 사례와 비교해 가면서 해결해야 할 과제를 추출하는 것은 불가결한 일이다.

---

1) 科學技術政策研究所(2006), 量子ビーム研究利用の推進方策について 最終報告, いばらきけん, サイエンスフロンティア21構想.
2) 이 중 1,157억 원은 정부가, 129억 원은 민간이 부담할 예정이며 사업부지, 부대시설 및 연구지원시설은 사업유치기관인 경주시의 부담이다.
3) 양성자기반공학기술개발사업단(2006).

2

클러스터

동해안 에너지 클러스터 구축과 연계한 경주 첨단과학도시를 건설하기 위해서는 국내 클러스터에 관한 연구, 해외 클러스터에 관한 연구에 대해 살펴볼 필요가 있다. 경주의 지역 발전에 관한 기존의 연구들은 경주가 지금껏 관광·문화도시로 성장해 왔기에 그러한 관점에서의 연구는 활발하게 이루어졌으나 첨단과학도시로서 경주에 대한 연구는 아직 기초단계에 있다. 클러스터화를 통한 산업육성과 정책은 M. Poter의 연구(1990) 이후 선진국을 중심으로 활발하게 전개되었다. 따라서 본 장에서는 M. Poter의 연구를 살펴보고 OECD의 혁신클러스터 및 관련 연구를 살펴본 후 이를 정리하도록 하겠다.

제1절 M. poter의 경쟁론

마이클 포터는 클러스터를 특정 분야에서 경쟁 또는 협력관계인 기업들, 전문공급업체, 용역업체, 연관된 산업 기관들로 구성된 지리적으로 근접한 집단(a geographically proximate group)이라고 정의하고 이들은 공통성(commonalities)과 보완성(comple-mentarities)으로 연결되어 있다고 한다. 경쟁력의 주체인 기업 또는 산업의 비교 우위 원천인 혁신, 개량, 개선에 영향을 미치는 여러 복합적이고 다원적인 요인들을 분석 대상으로 하고, 부의 창출 가능성을 경쟁력 창출 원천인 인프라, 금융환경, 인적자원

과학기술, 고용관계, 정부의 행정서비스, 기업의 효율성 등으로 설명하고 있다. 그리고 특정산업이나 기업의 국제경쟁력 유지는 그 국가가 갖고 있는 독특한 요인으로 설명되는데, 투입 요소의 국가 간 차이를 결정하는 요소조건, 기업의 전략과 조직 및 경쟁양상, 관련 및 지원 산업, 수요 조건 등이 경쟁력의 기본원인이고 외생적으로는 정부 및 기회요인이 있다고 설명하고 있다.

포터는 여러 국가들의 주력산업의 특성을 분석하여 경쟁력에 영향을 미치는 여러 요인을 도출하였다. 한 국가의 경쟁력은 국가가 제공해 주는 독특한 요인에서 나오는 것으로 평가하고 있고, 경쟁력에 영향을 미치는 요인을 외생요인과 내생요인으로 나누어 설명하였다. 외생요인은 기회와 정부의 역할로, 내생요인은 요소조건(factor conditions), 기업전략, 조직 및 경쟁양상(firm st-rategy, and rivalry), 관련 및 지원 산업(related and supporting industries), 수요조건(demand conditions)으로 설명하였다. 여기서 내생요인은 개별적으로 경쟁력에 영향을 미치기도 하지만 상호 연관된 하나의 종합적 시스템으로서 영향을 미친다. 그리고 한 나라의 산업이 천연자원의 보유 등과 같이 이 4가지 요소 중 한두 가지 요소에 의해 창출되는 경우도 있으나 일반적으로 산업 경쟁력 확보와 경쟁력 유지를 위해서는 생산, 수요, 관련 산업, 기업구조 및 전략 등 전반에 걸쳐 강점과 우위를 나타내는 것이 중요하다고 주장하였다.

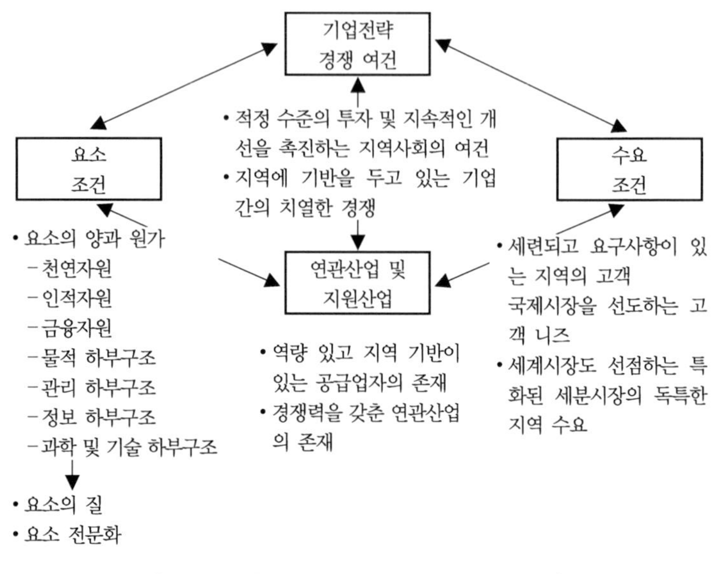

(그림 2-1) M. Poter의 다이아몬드 모델4)

그러나 포터의 모델은 과거의 발전을 설명하는 데는 매우 유용하나 특정 산업 경쟁력 및 최근의 경제 환경을 설명하는 데 있어서는 몇 가지 단점을 갖고 있어 최근 변형 모델이 등장하고 있다.

우선, 포터의 다이아몬드모델은 수많은 국가들의 다양한 산업을 설명하기 어렵다는 단점이 있다. 예를 들면, Spring(1992)은 뉴질랜드 낙농업 구조에 있어 포터의 낙농업 연구의 부적절함을, Darroch & Litvak(1992)는 캐나다 금융서비스업의 경우 포터의 접근법으로는 설명이 어렵다는 것을 보여주었다. 또한 Davidson(1992)에 따르면 포터의 모델은 시장에서 생겨난 노동력, 경영자

---

4) 마이클 포터의 다이아몬드모델, 김경묵 · 김연성 옮김(2001).

들과 자본 간의 중요한 관계를 다루고 있지 않으며, Grant(1991)
는 네 개의 과년 변수들의 연관성과 예측이 상당히 모호하여 일
부 국가의 특정 산업이 유망하지 못한 요소조건에도 불구하고 경
쟁력을 확보하고 있음을 포터의 모델은 설명하지 못한다고 말했
다. 그리고 포터의 모델이 갖는 최대 단점은 국내 기반에 대해 지
나치게 강조함으로써 국내 기반이 대국일 경우는 적절하나, 소국
일 경우에는 관련 국가와의 관계가 중요하다는 사실을 간과하고
있다는 것이다. 이에 Rugman(1992)은 소국이고 개방적인 국가경
제모델에 적용할 수 있는 더블다이아몬드모델을 개발하기도 했다.
　또한 포터의 연구에 의해 마샬(Marshall), 베버(Weber), 후버
(Hoover) 등 많은 학자들은 특정 산업기능이 몇몇 지역에 고정
되어 지속적으로 경쟁우위를 어떻게 유지할 수 있는가에 대한 연
구를 오래전부터 해왔다

제 2 절 OECD의 혁신클러스터[5]

1. Cluster Focus Group

국가혁신체제(NIS) 연구의 주요 과제로서 기술혁신 및 혁신클

---

[5] 이정협(2001), "기술지향형 클러스터의 이론과 실제"
　　삼성 경제연구소(2002), "산업클러스터의 발전전략".

러스터에 관한 연구를 수행하고 있으며 이를 위한 Cluster Focus Group을 운영하고 있다. 이 그룹의 운영목적은 개별 클러스터의 혁신의 관행과 수행능력, 혁신의 스타일과 지식 이전 메커니즘의 차이를 조사하고 정책 제안사항을 도출하는 것이다. Cluster Focus Group에서 나온 그동안의 연구 성과는 [표 2-1]과 같다.

[표 2-1] Cluster Focus Group의 연구 성과

연도	성 과	내 용
1999	"Boosting Innovation: The Cluster Approach" 발간	클러스터에 대한 비교사례연구와 정책적 시사점 도출에 초점을 맞춤 -클러스터의 개념 정립, 분석방법, 혁신클러스터 mapping(I) -영국, 호주, 캐나다, 네덜란드, 스페인, 미국 등의 산업 클러스터에 대한 경험 연구(II) -덴마크, 네덜란드, 오스트리아, 핀란드 등의 클러스터 정책사례 연구(III)
2001	"Innovative Cluster: Drivers of National Innovation Systems" 발간	2000년 10월~2001년 4월의 작업결과를 토대로 출판 -유럽의 정보통신 및 멀티미디어 등 첨단산업 분야의 혁신클러스터에 대한 사례 분석(I) -식품, 건설 등 성숙산업 분야의 산업 클러스터에 대한 사례 연구(II) -전통, 첨단산업 분야의 산업 클러스터에 대한 다양한 분석 방법을 활용한 사례 연구(III) -클러스터에 기초한 혁신 촉진을 위한 각국가의 정책연구(IV)

이 두 연구에 대해 이정협(STEPI 연구개발정책연구부)은 [표 2-2]와 같이 비교하였다.

[표 2-2] Boosting Innovation과 Innovative Cluster의 비교

구 분	내 용
Boosting Innovation	· OECD 회원국과 독자들 사이에서 열광적인 지지를 얻는 것으로 볼 때 클러스터 접근에 대한 추가적인 연구의 필요성 확인 · Boosting Innovation이란 제목은 혁신의 중요성이 잘 표현되어 있을 뿐만 아니라, 국제 비교의 차원에서 클러스터 주제를 접근하고자 하는 소수의 선구적 분석가 집단이 중심이 되어 학문적으로나 정책적으로 여러 측면에서 얻을 수 있는 최선의 내용을 담고 있음 · 몇몇 기고자들이 혁신의 문제에 대해 명백하게 언급하고 있긴 하지만 이 주제를 클러스터의 분석 차원에서 연계하지는 못했음
Innovative Cluster	· NIS focus group들이 추구하는 혁신의 주제가 보다 강조됨 · 정책적 적용범위가 넓어졌으며, 클러스터가 형성되고 유지되는 방법에 대한 정책적으로부터 혁신을 지원하기 위한 클러스터의 역할에 보다 초점을 맞춤

2. OECD Focus Group이 제시한 혁신클러스터의 특징

클러스터가 속한 경제체제의 고유한 특성과 역할을 바탕으로 형성되고 전문화되어 발전하기 때문에 클러스터별로 규모, 연계 수준, 연구개발 투자의 정도, 혁신제품의 비중 등의 차이가 크게 나타나며, 유일한 이상적인 클러스터 유형이 있는 것은 아니다.

혁신클러스터는 신산업뿐만 아니라 전통 산업이나 성숙 산업을

토대로 형성될 수 있다. 이미 형성된 클러스터뿐만 아니라 유아 단계의 미성숙 클러스터도 혁신클러스터의 분석에 중요하다. 기술 지식 이외에 조직 기술이나 마케팅 기술 등의 지식이 클러스터 형성에 중요한 역할을 할 수 있다.

혁신클러스터의 지리적 범위는 국지적, 지역적, 국가적, 국제적 등 지식의 원천이 어디에 있느냐에 따라 다양하게 정의된다. 따라서 모든 집적지가 혁신클러스터인 것은 아니며, 반대로 모든 지역이 혁신클러스터가 될 수 있다.

3. OECD 혁신클러스터의 이론적 배경

혁신클러스터와 관련하여 주요 이론을 살펴보면 [표 2-3]과 같다.

[표 2-3] 클러스터 관련 주요 이론[6]

주제	신산업공간론	산업지구론	혁신환경론	클러스터	지역혁신체제
공간적 집적 원리	산업의 수직적 분리와 공간적 집중(거래관점)	초기 뿌리내림 혹은 유연 전문화 논의에서 국지화 논의로 바뀜	지역화되고 네트워크화된 학습과정	경쟁자, 생산자 및 고객 등의 국지적 상호작용	공급자와 수요자의 근접성에 기초한 제도적 결합
구조/행위자	산업-구조적 논리	사회문화 환경에 뿌리내린 지역 행위자	환경을 네트워크화되어 있는 행위자의 분산 조직으로 봄	다이아몬드 환경에 영향을 받는 경영 전략	중범위 수준의 제도 경제 체제

---

6) Lagendijk. A(1997).

주제	신산업공간론	산업지구론	혁신환경론	클러스터	지역혁신체제
주요 비판점	공간적 결합과 행위자 역할에 대한 개념화 불충분	지나치게 화합적인 관점에서 경제와 사회와의 관계, 지역과 세계의 관계를 봄	성공스토리와 하이테크에 집착	기업 간 관계의 사회적 측면 무시	체제 간의 상호의존 무시
최근 연구 방향	비교역적 상호의존성과 관습에 초점	지구의 유형 간 차이에 초점	제도적 측면을 강조	클러스터 내부 혹은 국제적 네트워크에 대한 연구	지역 및 부문적 경험 연구의 강화

제3절 클러스터 관련 연구

국내 연구기관 중에서는 과학기술정책연구원(STEPI)이 클러스터 연구에 가장 적극적으로 참여하고 있다. 본 절에서는 과학기술정책연구원의 연구를 연식별로 나누어 살펴보도록 하겠다. STEPI의 클러스터 연구는 2001년부터 본격적으로 착수되어 2002년 1월에 "지역혁신을 위한 지식 클러스터 실태분석"을 발간하였고, 최근에는 "선진 혁신클러스터 구축을 위한 가상 클러스터 활용방안"(김왕동, 2006)을 연구한 바 있다.

1. 2001년 연구

초기 단계의 클러스터에 관한 연구는 주로 해외사례를 통해 연

구되었다. 이명진(2001)은 "이스라엘 혁신클러스터와 과학기술
기반"에서 이스라엘의 현황을 정리하고 이스라엘 혁신클러스터의
특징과 성장요인을 분석하였다.

[표 2-4] 이스라엘 혁신클러스터의 성장요인

성장요인		내 용
민간 부분 요인	기업전략, 경쟁관계	-정치·지리적으로 고립된 상황, volume industry가 부재한 상황에서 niche market 확보에 주력(switching, data 전송, network, 음성인식, CTI, 인터넷폰, 위성통신, DSL, 무선통신, 광통신 등)
	투입요소 조건	-선진국의 인적 네트워크, 금융자본 활용(재미유태인협회 : 미국 내 영향력 상위: NASDAQ 상장기업 수 세계 3위 : 미, 캐나다 다음) -민간 Venture Capital(SVM Star, Evergreen Fund, Gemini Fund 등)은 경영과 마케팅, 기업은 기술개발에 주력: VC은 초기 정부주도에서 '90 중반 이후 민간주도로
정부/ 공공 부문 요인	투입요소 조건	-우수인력 배출(인구 1만 명당 과학기술자 135명, 인구 1만 명당 논문발표 148건 세계 1위, GNP 대비 교육예산 9.8%, 군입대시 첨단기술에 접근 및 훈련) -구소련 과학자의 유입 지원('90년대 초 약 70만 구소련 유입자 중 약 1만 명 이상이 과학기술자, 그 후 국내과학자 40% 증가) 및 창업 유도: 28개 기술 인큐베이터 제도
	수요조건	-군사산업의 민수전환 (열추적 장치, 주파수 도청, 적탐지 회피장치, 항공유도, 레이더 기술 등) -미국, 캐나다, EU, 멕시코 등과 자유무역협정 체결
	연관/지원 산업	-자본토자강화법으로 다국적기업의 투자 유치, -무역산업부 수석과학관실의 기술개발지원 -초기 공공 Venture Capital('93 Yozma Fund, '97 민영화)설립 -주요 선진국과의 연구개발협력 프로그램(BIRD, DIRD, CIRD, EU Framework Program 등)

이스라엘 하이테크 클러스터 사례에서 정부의 역할을 과학기술 체제를 조기에 구축하고 우수인력 양성에 집중하는 등 과학기술 기반을 조기에 공고히 조성하였다고 요약하고 있다. 또한 정부가 국내 기술혁신 주체를 연계하는 촉매 역할을 충실히 수행하였고, 대외적으로는 주요국과의 무역협정 및 공동 연구개발 재단 설립을 통하여 기업이 해외 유태인 네트워크를 활용할 수 있는 기반을 구축하였다고 한다. 이를 통해 우리나라의 경우 이에 대한 보다 효율적 관리와 효과적 운용이 요청된다고 하면서 시사점을 도출했다.

[표 2-5] 이스라엘 사례 일부와 시사점

이스라엘 사례	시 사 점
사회적 문제의 정책적 해결 : 이민 과학자 활용	기술정책 수단이 성공하기 위해서는 기술적 문제의 해결과 함께 사회적·경제적 합목적성을 갖고 있어야 함
동기부여를 위한 인센티브의 제공 : 기술 인큐베이터	입주공간의 제공 수준에 머물고 있는 우리나라 대다수의 창업보육 센터와 비교 -보육기업의 자본조달을 위해 다양한 노력을 전개하고 있는 이스라엘 기술 인큐베이터의 경영사례가 시사하는 바를 인식
세계시장 지향적 전략 : 해외 네트워크	기술개발에서 상품 수출단계에 이르기까지 일관되게 국제화를 지향하면서 관련 제도를 운영한 점은 경제의 무역 의존도가 높은 우리나라의 기술 개발 전략에 적용할 필요가 있음

임덕순(2001)은 "인도의 정보통신 클러스터"에서 인도 소프트웨어산업의 발전과정과 강점·약점에 관하여 분석하고 시사점을 도출하였다. 인도 IT산업의 성과에 영향을 미친 요인들로 많은

고급 기술인력, 방갈로를 중심으로 과학기술 관련 주체들이 집적되어 있다는 초기 조건, 정부의 정책적 요인을 들었다. 인도정부는 소프트웨어산업에서 가능성을 보았고 소프트웨어 파크 정책을 위시하여 각종 유인정책을 추진했다고 말한다. 또한 인도정부는 시장원리를 종중하는 정책을 제공하고 금융혜택, 고속통신망의 제공하는 등 여러 지원을 하는 등 소프트웨어산업을 확장시키는 촉매 역할을 하였다고 한다. 인도 IT산업의 약점으로는 국내 IT 산업의 구조적 문제점으로 국내 IT 수요가 매우 취약한 점, 인력의 질적 수준 및 공급에 관한 문제, 취약한 인프라, 인도 소프트웨어산업의 기술경쟁력 문제로 정리하고 있다. 이를 통해 인도 사례는 당시 혁신클러스터를 인위적으로 조성하려 노력하고 있는 한국에게 중요한 점을 말해 주고 있다고 보고 있다. 이미 형성된 대덕연구단지는 물론 새롭게 추진하고 있는 국내 혁신클러스터들의 경우 초기 조건이라는 관점에서 냉철히 분석하는 작업이 필요하다고 한다.

임채성(2001)은 기계 산업을 제조업의 생산 장비인 자본재 산업을 포함하는 산업으로써 타 산업의 경쟁력에 밀접한 영향을 미치는 산업으로 정의하고, 경남 지역 가운데 우리나라 기계 산업의 대표적인 집적지 중의 하나인 창원 지역을 중심으로 기계 산업 클러스터(집적지)를 분석하였다. 사례연구의 접근은 클러스터적 접근(The Cluster Approach)으로 이는 기존의 네트워킹 이론, 혁신시스템론, 경제지리학, 지역경제학의 networking 연구, 제도 구축(institution building), 산업 targeting 전략 등 연구의 연장선상에서 발전된 접근이다. 연구 틀은 지역 클러스터 접근 틀로 1) 국가 혁신시스템의 논의를 지역 차원에 적용시키는 접근과 2) 산업의 생산사슬에 바탕을 둔 산업 전략적 접근을, 지역 차원에 적용시키는 접근을, 결합한 접근을 바탕으로 하고 있다. 이를 의거하여 창원 지역 클러스터의 특성을 일번적인 산업지구논의와 비교하여 일반성을 도출하였고, 지역 클러스터가 보인 특징적 변화와 지역 클러스터 주요 활동 기관들과 mismatch가 없는지, 활동 기관 간의 연계에 문제가 없는지를 분석하였다. 그리고 생산사슬의 관점에서 본 창원 기계 산업 클러스터의 개략적 모습을 정리하였고, 역동적 산업 클러스터가 되기 위해 갖추어야 할 지역 발전 리더십 주체가 있는지를 탐색하였다. 그 결과 창원 기계 산업 클러스터는 리더십 주체가 형성되는 맹아가 보이는 점이 관찰되는바,[7] 맹아적인 모습을 발전시켜 지역 발전의 리더십 주체가 형성될 수 있도록 하는 정책과 정책 수립이 필요하다고 하였다.

이정협(2001)은 우리나라의 지방과학기술진흥을 위한 전략적 개념으로의 활용가능성에 대해서 논하였다. 이론적 배경에 대해서 분석히고 클러스터의 개념적 정의와 특성을 파악한 후 클러스터 정책의 사례 및 정책 유형을 검토하였다.

---

7) 예: 지방정부 주도적인 지역 기계 특화 산업 육성안 추진, 과거 10년 전보다 많아진 각종 모임. 모임으로부터 나오는 초기적 성과, 산학협력 체제의 발전된 모습 등(임채성, 2001).

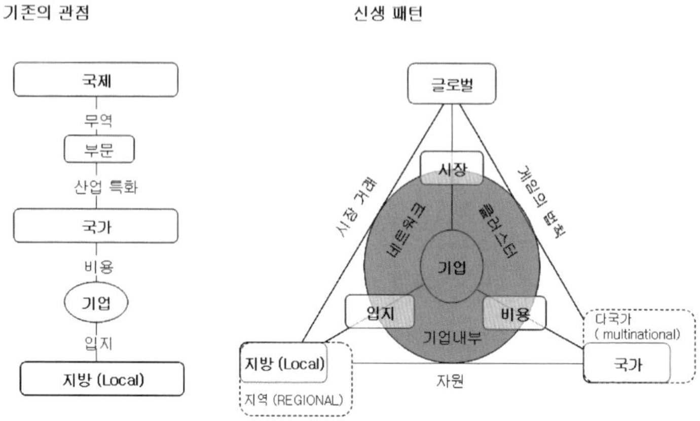

(그림 2-2) 글로벌 국가 지역의 통합에 기초한 OECD의 클러스터 모델

클러스터 정책은 정책개입의 이유에 따라 매우 다양한 형태의 대응 방향과 정책수단을 포함하고 있다고 하였다.

[표 2-6] 클러스터 기반의 정책수단

클러스터 정책 개입의 이유	클러스터적 대응 방향	정책 수단
클러스터의 정체성 및 인식 부족	-클러스터의 파악 및 홍보	-그래픽으로 표현 -지역 클러스터에 대한 외부지원 -클러스터 멤버에 대한 내·외부지원
클러스터의 기술 혁신과 경쟁력에 장애가 되는 정부규제	-관련 정부규제에 관하여 포럼 개최 -정부규제의 개정 혹은 개선	-클러스터 플랫폼과 포커스 그룹 구성 및 운영 -조세제도 및 규제 개편
기업들이 타 기업과의 협력기회를 찾지 못함	-기업 간 네트워크 장려 -기업 간 협력으로 개발한 제품의 공공 구매	-네트워크 프로그램 운영 -브로커 훈련 -컨소시엄들로부터 공공 구매

클러스터 정책 개입의 이유	클러스터적 대응 방향	정책 수단
전략적 지식에 접근하지 못하는 중소기업의 존재	-클러스터 중심의 정보보급 체제 구축 -전략적 클러스터 이슈에 관한 대화 촉진	-클러스터 중심의 정보 제작 및 기술센터 설치 -시장기회를 탐구 위한 플랫폼 구축 -기술예측 활동 장려
기업이 지식 공급자들의 지식을 활용하지 않음	-산학 혹은 산업 간 공동연구개발 사업 추진	-클러스터 관련기술을 파악하고 연구센터 설치 및 정책 추진 -공동 연구사업과 기술 이전 사업에 대한 자금지원
클러스터의 핵심요소 결핍	-클러스터에 외부 기업의 유치 및 육성 -연구개발 시설이나 조직 유치	-클러스터로의 계획적인 투자 유치 -특정 클러스터의 벤처창업 지원

출처: Boekholt and Thuriaux, 1999.

그는 혁신클러스터의 관점에서 우리나라의 지방과학기술진흥 전략을 수립할 때 추진체제의 확립, 연구기반의 강화, 지원체제의 구축, 클러스터 인터페이스의 개발, 클러스터 기반 혁신 사업의 확대와 같은 요소들이 중요한 것으로 판단하였다.

이 외에도 2001년에 발표된 연구로는 김현(2001.07)의 "OECD Cluster Focus Group의 혁신클러스터 분서", 임기철(2001)의 "경기도의 혁신기반 분석과 주요 클러스터의 혁신 전략", 이정협(2001)의 "지방과학기술진흥을 위한 혁신클러스터 전략", 홍성범 등(2001) "해외 신흥 혁신클러스터의 특성 및 성장 요인", 이정협(2001)의 "기술지향형 클러스터의 이론과 실체", 이공래(2001)의 "우리나라 지식클러스터 실태와 육성방안"이 있다.

2. 2002년 ~ 2003년 연구

한동우(2002)는 "유럽 강소국의 클러스터 전략"에서 새로운 클러스터 접근 방법에 따라 성공을 거두고 있는 유럽 강소국들의 혁신클러스터 모델이 우리나라가 벤치마킹할 수 있는 하나의 대안으로 주목받고 있다고 했다. 이와 더불어 이들 나라들이 국토나 인구 면에서 우리나라에 비해서 크지 않음을 상기할 때, 강소국의 사례는 일류국가로 발전하기 위해 우리가 벤치마킹할 수 있는 적합한 모델이라고 하였다. 덴마크, 네덜란드, 핀란드의 클러스터 정책의 특성을 살펴본 후, 향후 우리나라에 적용할 수 있는 시사점을 도출하였다.

[표 2-7] 강소국의 클러스터 정책

분　　　류	요　　점
덴마크 -DK21 정책과 어린이 놀이&학습 클러스터	다양한 이해관계자의 참여
네덜란드 -건설 클러스터	성숙클러스터에 대한 새로운 정책적 접근
핀란드 -ICT 클러스터	전통산업에서 첨단산업으로의 전환

강소국 클러스터 정책의 특성으로 다양한 이해관계자의 정책수립과정 참여, 클러스터의 특징에 따른 적절한 정부의 역할 변화, 성숙클러스터와 신생클러스터에 대한 정책적 접근방법의 구분,

세계적 경제흐름에 따른 핵심클러스터의 변경으로 정리하였다. 그는 혁신이 가진 불확실성을 정책적인 노력을 통해 줄일 수 있다고 하면서, 덴마크와 네덜란드, 핀란드의 사례에서의 공통점은 기존의 정책분석 틀보다 좀 더 미시적이고, 현상을 잘 반영하는 정책기조를 지향한다는 점에서 의미가 있다고 했다. 특히 강소국 클러스터의 중요한 시사점은 Poter가 언급한 클러스터의 특징 중 '유사성'보다는 '보완성'에 역점을 두고 있다는 것이며, 강소국의 클러스터는 많은 시행착오와 다양한 주체들의 참여를 통한 '상호 보완성'의 확보가 가장 중요한 특징이라고 했다.

복득규(2003)는 "일본 아이치현의 도요타 클러스터"에서 현황과 발전과정, 도요타 클러스터의 성과, 도요타 클러스터의 기술혁신 메커니즘을 언급하여 시사점을 도출하였다. 도요타 클러스터에서는 구성 주체 간 네트워크 형성, 역할구분, 조직문화의 공유를 통하여 새로운 지식과 기술이 창출되어 비용과 품질 경쟁력을 높이고 개발기간을 단축하는 한편 기술융합을 통해 신기술개발을 선도하고 있다고 했다. 그는 아이치현의 도요타 클러스터 사례는 자동차산업과 같은 성숙산업에서도 클러스터 형성을 통하여 성숙산업의 경쟁력을 높이는 동시에 기술융합을 통하여 하이브리드카와 연료전지차, ITS 등 새로운 기술과 제품을 개발하는 것이 가능하다는 것을 보여준다고 했다. 이 외에도 정태인(2003)의 "동북아 프로젝트: 국가혁신체제와 클러스터전략을 중심으로"와 홍성범 등(2003)의 "중국의 혁신클러스터 특성 및 유형 분석"이 있다.

3. 2004년 연구

송완흡(2004)은 경북·대구권 디스플레이산업 혁신클러스터화 추진방안에 대해서 연구하였다. 그는 클러스터화 추진과제로 디스플레이 산업체 신규투자 유치, 혁신 주체 간의 역할분담체계 정립, 디스플레이 산업과 연계한 공공연구센터 유치, 경북·대구권 인근 지역대학과의 연계확산을 통한 혁신역량 보완을 거론하였다.

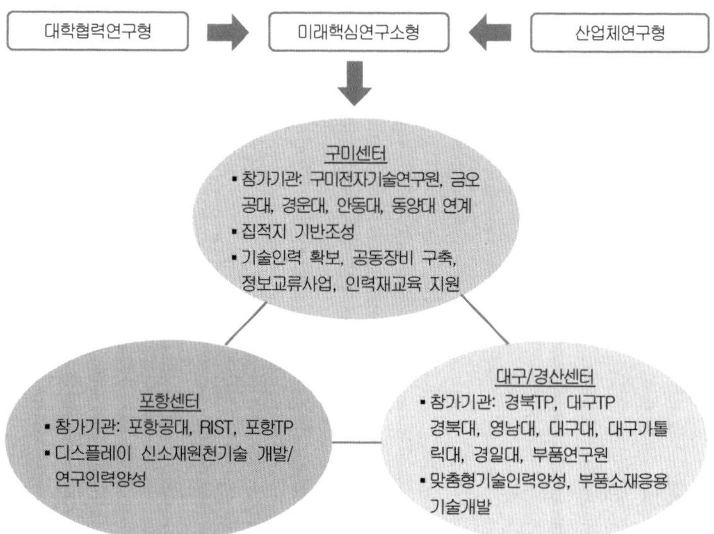

(그림 2-3) 경북·대구권 디스플레이 이노베이션센터 설립모형도

포항 디스플레이 신소재 산업 육성방안은 첨단 디스플레이 소재 관련제품 개발사업 지원, 디스플레이 소재산업 기술인프라 구

축, 디스플레이 소재산업 전문연구인력 양성, 해외협력 및 환경규
제 대응능력 제고가 있다고 했다. 그 기대효과는 경제적, 산업적
측면에서는 대구·경북권 디스플레이 신소재 산업체 중심의 산학
연계를 강화하여 디스플레이 산업의 혁신클러스터화 기반이 구축
된다고 하였고 대학의 기초연구 및 연구소의 산업화 연구를 수행
하여 경북·대구권 디스플레이 소재 및 부품 산업 분야의 기술력
을 세계적 수준으로 향상시킬 수 있다고 하였다.

임덕순(2004)은 대덕 혁신클러스터의 위상 및 발전전략에 대해
서 연구하였다. 대덕연구단지를 혁신관련 조직들의 유기적인 집
적체인 혁신클러스터라는 시각에서 그 성과를 살펴보고 향후 발
전 전략을 제시하였다. 대덕연구단지는 당시 혁신클러스터의 초
기 단계에 있는 것으로 나타났고, 연구개발이 견인하고 생산 및
마케팅이 뒤따르는 '연구개발견인형 클러스터'의 특성을 지니고
있다고 했다. 대덕연구단지는 세계적인 혁신클러스터들과 비교해
볼 때 경쟁력이 취약한 것으로 나타난 반면, 연구개발능력이나
인력 측면에서는 중간 정도의 경쟁력을 확보하고 있는 것으로 나
타나 세계적인 혁신클러스터로 발돋움할 수 있는 희망이 있다고
말했다. 대덕연구단지 사례를 통해서 1) 혁신클러스터의 형성에
는 이를 가능케 하는 초기 조건들이 필요하다는 점, 2) 인위적
혁신클러스터 형성은 많은 시간이 걸리고 초기 환경 요인이 만족
스럽지 않은 경우가 많은 만큼 중앙정부 혹은 지방정부의 지속적
인 관심이 필수적이라는 사실을 시사한다고 도출했다. 또한 대덕
연구단지의 발전과제로는 국제화 및 브랜드상의 취약점을 보완하

는 측면에서 대덕연구단지 자체가 종합적으로 관리되고 홍보되어야 함과 지방정부의 지원이 한층 강화되어야 한다는 것, 그리고 국내기업 및 다국적 기업의 연구개발센터 유치를 위해 적극적인 노력을 하여야 한다고 했다.

문미성(2004)은 "산업클러스터 육성을 위한 지역혁신체계 구축방안"에 대해서 연구하였다. 산업클러스터 및 지역혁신체계 개념의 이론적 기초를 검토하고, 정책적으로 어떻게 소화·도입해야 하는지를 수도권의 산업집적을 중심으로 살펴보았다. 이를 토대로 수도권에서 경쟁력 있는 산업클러스터 육성과 지역혁신체계 구축을 위한 정책방안을 제시하였다. 지역혁신체계를 제품 공정 지식의 상업화를 촉진하는 기업과 제도들의 네트워크라고 정의하였고, 하부구조(물리적 하부구조: 도로, 공항 등, 사회적 하부구조: 대학, 연구소, 금융기관 등)와 상부구조(지역의 조직과 제도, 문화, 분위기, 규범 등)로 구분하였다. 클러스터 정책도입에 있어서 과도한 일반화의 문제, 지역 클러스터는 패러다임의 변화에 둔감할 수 있는 점, 대기업이나 다국적 기업의 역할에 대해 저평가될 가능성과 같은 문제가 지적될 수 있다고 했다. 경기 지역혁신체계의 장단점은 (그림 2-4)와 같이 나타냈다.

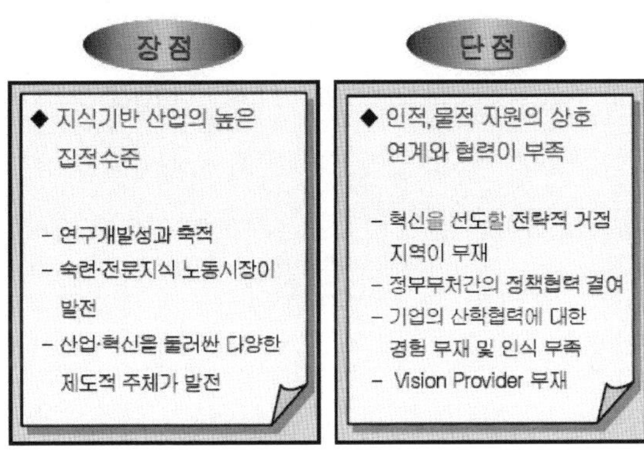

(그림 2-4) 경기 지역 혁신체계의 장·단점

그는 수도권에서의 지역혁신체계 구축을 위해 전략산업혁신클러스터 육성, 혁신거점의 조성, 지자체 중심의 혁신전략 마련, 지역혁신정책의 조정 및 협의 과정의 제도화, 수도권 산업입지 규제 개선 등이 필요함을 지적하였다. 우리나라를 대표하는 지식산업과 차세대의 성장동력이 창출될 수 있는 계획과 사업이 마련되고 이를 지원할 수 있도록 지역의 혁신자원을 동원·조직할 수 있는 시스템을 구축하는 것이 중요하다고 하였다.

상현수와 정준호(2004)은 혁신클러스터 정책 실패유형을 분석하였다. 외국의 클러스터 및 지역혁신과 관련된 정책 사례 중 특히 실패 사례에 초점을 맞추어 분석을 하고 참여정부 지역정책이 앞으로 나아갈 방향을 제시하였다. 그들은 지역혁신을 위한 클러스터 정책은 새로운 정책 영역이라기보다는 전통적인 정책 영역에 있던 기존 정책수단들의 혁신적인 조합이라고 했다. 클러스터 정책의 성공 조건으로 공공과 민간의 파트너십, 완결형 클러스터에 대한 강박에서 탈피 필요, 공공 부문의 정책 역량, 클러스터 정책의 한계가 있다고 했다. 해외 각국의 클러스터 정책 실패사례를 유형별로 분석하여 지역의 현실과 유리된 정책 추진으로 인한 실패 유형, 연계나 네트워크에 대한 수진한 기대나 환상으로 인한 실패 유형, 정책 기획 및 집행을 담당할 공공부문의 능력부족에 따른 실패유형, 지역정책을 클러스터 정책에만 의존하여 실패하는 유형으로 나누었다.

[표 2-8] 세계 각국 클러스터 정책의 유형별 실패 사례

대 분 류	세 분 류
지역의 현실과 유리된 정책 추진	지역실정을 고려하지 않은 위로부터의 획일적, 표준적 정책 지역의 정책 수용 능력을 고려하지 못한 정책 첨단산업에 대한 환상
연계 혹은 네트워크 구축 실패	지역 내부연계에 대한 지나친 집착 산학연계에 대한 환상과 대학 및 연구소에 대한 지나친 기대 물리적 집적이 기능적 연계를 이루리라는 환상
정책을 담당하는 공공부문의 실패	정치적 고려로 인한 정책의 왜곡(political lock-in)현상 민간-공공 협력 혹은 파트너십의 실패 정책 담당자인 공공부문의 능력 부족(특히 지방정부의 경우) 정부 부처 간, 중앙정부와 지방정부 간 정책조정의 실패 정책의 지속성, 일관성 부족 문제
클러스터 정책에만 의존하는 문제	거시 경제적 정책요소를 간과함 사회 통합적 정책요소를 간과함

그들은 외국의 사례로부터 얻은 교훈을 통하여 다음과 같은 제언을 하였다. 첫째, 정책의 집행 이전에 우리나라 각 지역 및 지역 클러스터의 현실과 잠재적 역량에 대한 엄밀한 현황분석이 선

행되어야 한다. 둘째, 지역에 대한 지원은 지역의 내생적 역량 배양 및 정책 수용능력 향상에 초점을 맞추어야 한다. 셋째, 지역정책의 지향 목표와 공간적 범위에 대한 합의가 선행되어야 할 것이다. 넷째, 지역에 대한 중앙정부의 지원은 지역별 나눠 먹기식 혹은 특정 지역에 대한 특혜성, 선심성 지원 등과 같은 정략적 접근을 배제하고, 배분기준의 투명성과 배분의 지역별 형평성을 반드시 확보하여야 할 것이다. 마지막으로, 클러스터 정책이 성공을 거두려면 무엇보다도 공공과 민간 사이에 긴밀하고도 실질적인 협력관계를 형성해야 할 것이라고 했다.

이 외에도 2004년의 연구로는 이종일(2004)의 "한국의 지역혁신클러스터 형성", 이병민(2004)의 "문화콘텐츠산업 육성을 통한 혁신클러스터 조성방안", 이공래(2004)의 "혁신클러스터에서의 다분야 기술융합", 박원석(2004)의 "혁신클러스터 발전을 위한 금융의 역할"이 있다.

4. 2005년 ~ 2006년

최지선(2005)은 "지역문화산업클러스터 연구를 위한 클러스터 맵핑 선행연구"를 수행하였다. 지역문화산업클러스터를 분석하기에 적합한 클러스터맵핑 방법론 정립을 위한 선행연구의 한 부분으로 현재까지 정리된 문헌연구 결과를 토대로 하였다. 그는 클러스터 맵핑 분석의 주요 선행 연구를 [표 2-9]와 같이 정리하였다.

[표 2-9] 클러스터 맵핑 분석의 주요 선행 연구 예시

지 역	산 업	보고서명	기 관
영국 북동 지역	창작산업 (문화산업)	Culture Cluster Mapping and Analysis	Center for urban & regional development studies(2001) Univ. of Newcastle Upon Tyne
호주 전 지역	창작산업 (문화산업)	Creative Industries Cluster Study Ⅰ. Ⅱ. Ⅲ	DCITA(2004), Australia
호주 퀸즈랜드	창작산업 (문화산업)	Queensland's Creative Industries Cluster Mapping and Value Chain Analysis	Creative Industries Research and Applications Centre(CIRAC), Quessnland Univ, of Technology
영국 전 지역	전 산업	Business Clusters in the UK－A First Assessment	Dept. of Trade and Industry(2001)
영국 Yorkshire & Humber	생명과학	Yorkshire & Humber Bioscience Cluster Mapping	ANGLE Technology Ltd. (2002)
영국 West Midlands	의료기술	Advantage West Midlands Medical Technologies Cluster Mapping & Analysis	ANGLE Technology Ltd.(2002)
영국 West Midlands	항공우주 기술	West Midlands Aerospace Cluster Mapping Project: Aerospace Supply Chains in the West Midlands	UK Research Partnership Ltd. (2002)
미국 주요 지역	지역 전략 산업	Clusters of Innovation Initiative (Atlanta, Pttsburgh, Research Triangle, Sand Diego, Wichita)	M. Porter Council on Competitiveness(2002)
미국 전 지역	전 산업	Cluster Mapping Project	Institute for Strategy and Competitiveness

영국의 클러스터 맵핑을 분석하는 과정에서는 DTI 클러스터 분석 방법론을 [표 2-10]으로 정리하였다.

[표 2-10] DTI 클러스터 분석 방법론

단계	방법	내　용
1-1	Regional highs	분석 단위: 광역행정구역 SIC 5-digit 전 산업 세부 업종 단위에 대한 분석 · 입지계수(LQ) 1.25 이상 그리고 · 지역고용의 0.2% 이상을 차지하는 업종 선정
1-2	cluster forming	선정된 업종에 대해 유사성 및 전후방연계 관계를 고려하여 클러스터 그룹화
2-1	LQ review	포함되지 않은 세부 업종 중 LQ〉1.25 이상인 업종을 다시 선별
2-2	duster adding	선별된 업종을 적절한 클러스터에 재배치
3-1	Employment review	포함되지 않은 세부 업종 중 지역고용의 0.2% 이상 차지하는 업종을 다시 선별
3-2	duster adding	선별된 업종을 적절한 클러스터에 재배치
4-1	Activity analysis	높은 LQ 값을 보유하고 있으나 어느 클러스터로 배치되어야 하는지가 분명하지 않은 업종에 대해 분석 기업의 비즈니스 활동 자료를 기초로 하여 업종 간 연계관계를 분석
4-2	duster adding	선별된 업종을 적절한 클러스터에 재배치
5-1	LAD analysis	세부 업종의 기초자치단체별 집중도 분석 · 입지계수(LQ) 5.0 이상 그리고 1000개 이상의 고용을 보유한 업종이 있는 지역 선정 또는 · 특정 업종 전국 고용의 0.2% 이상을 차지하는 업종이 존재하는 지역(Industry highs) 선정
6	comparison	광역자치단체 내 국지적 집중도 파악 잠재적 클러스터 형성 가능성 파악 (Less significant dusters)
7	All non-allocated SIOs review	기타 선별되지 못한 모든 업종에 대한 재검토

그는 클러스터 맵핑 방식을 크게 특정 지역에 얼마나 산업이 집적되어 있는지를 계량적 분석방법론을 통해 파악하는 것과 집적도의 파악에 그치지 않고 집적지의 질적인 속성을 파악함으로써 클러스터의 발전 정도 및 유형을 분석하고자 하는 것으로 나누었다. 또한 문화산업 클러스터의 맵핑 과정에서도 집적도의 파악과는 별개로 가치사슬과 네트워크의 특성을 이해할 수 있는 적절한 분석 기법의 설계가 매우 중요하다고 하였다. 특히, 한 기업이 둘 이상의 업종에 종사하는 경우가 상대적으로 많고, 작품 제작의 프로세스가 일반 제조업이나 타 서비스업과는 판이하게 다른 문화산업의 경우 이러한 특성을 제대로 드러낼 수 있는 클러스터 맵핑 방법의 고안에 주안점을 두어야 한다고 했다.

김선근과 정지복(2005)은 "대덕밸리 IT 및 BT 클러스터의 Global Value Chain 실증분석"에서 가치사슬 분석 방법론을 사용하여 자원흐름별 분석, 산업별 분석, 그리고 위계행태별 분석을 수행하였다. 대덕밸리 클러스터가 지역혁신의 구심체 역할을 하기 위해서 지자체에서 우선적으로 지원해야 할 정책으로 기업운영 자금의 공공보조가 가장 높은 비중을 차지하였으며, 그다음으로 모험자본 설립 지원, 정보 인프라 구축, 산·학·연 연계활성화 지원 등의 과제 순으로 도출되었다. 또한 자금 지원을 위한 벤처캐피탈 또는 엔젤 투자기관, 공동 유통망 등 마케팅 지원기관 그리고 제품 및 기술 표준화 기관 순으로 대덕밸리에 시급히 보완되어야 할 조직 및 기관으로 도출되었다. 이러한 실증분석을 바탕으로 대덕밸리 클러스터의 문제점을 다음과 같이 종합하였다. 첫째, 역내시장의 부재와 수도권 의존적인 가치사슬, 둘째, 전문적 금융/법률/마케팅 서비스의 가치사슬 부재 그리고 마지막으로 수평적 경쟁사슬의 부재를 들었다. 그들은 대덕밸리 클러스터가 진정한 혁신클러스터로 성장해 나가기 위한 정책적 방향으로 가상기업의 구축을 제한하였다.

가상기업이란 공동의 사업을 추구하기 위해 다수의 독립된 주체들이 네트워크 기반 위에서 기술, 자원 등을 협력하여 한시적으로 하나의 기업처럼 협업하는 사업형태를 말하는데 산업생산을 중점으로 한 가치사슬의 연계가 미흡한 대덕에 이러한 가상기업들이 구축될 경우 이종 사업 간에는 기술의 융합 및 연계가 이루어질 것이고, 나아가 동종 제품 및 서비스의 통합 즉 클러스터 간 가치사슬을 구축할 수 있는 획기적 계기가 마련될 것이라고 하였다. 이를 그들은 허브 비즈니스라 부르며 그 역할로는 시스템 통합자로서 연구 성과 상업화의 핵심적 역할 수행, 기술의 융합화 및 복합화에 의한 여러 클러스터 간 가치사슬 구축의 구심체, 가치사슬의 핵심적 활동과 지원활동을 연계하여 R&D 기능이 생산기능과 이어지는 효과를 기대할 수 있다고 하였다. 이 외에도 조형제(2005)의 "지역혁신클러스터 구축과정의 현안과 쟁점", 황혜란(2006)의 "독일의 지역혁신클러스터 지원 정책 프로그램의 평가"가 있다.

5. 연구결과 정리

홍성범 등은 중국 혁신클러스터에 대한 연구를 주로 하였고, 이공래는 혁신클러스터와 지식클러스터에 관한 연구를 하였다. 홍성범 등은 2001년과 2003년 및 2004년에 걸쳐 각각 해외 신흥 혁신클러스터, 중국 혁신클러스터 특성 및 유형분석과 변화의 정책방향에 대한 연구를 발표했다. 중국 정부는 1978년 개혁개방과 함께 사회주의 시장경제로의 전환을 목표로 지식과 기술이 집적될 수 있는 거점, 즉 혁신클러스터를 육성하는 정책을 추진하기 시작하였다고 한다. 중국 혁신클러스터의 특징 및 시사점을 다음과 같이 정리하였다.

첫째, 중국이라는 한 국가 내에 다양한 형태의 혁신클러스터가 존재한다.

둘째, 각 형태의 혁신클러스터는 각기 다른 등장 배경과 정책 패러다임을 가지고 있다.

셋째, 혁신클러스터 관련 정책들을 때로는 경쟁적으로 때로는 보완적인 관계를 가지고 진행되어 왔다.

넷째, 혁신클러스터 관련 정책은 목표로 하는 대상을 유형화하고 유형에 적합한 클러스터 정책을 추진할 때 그 효과가 더 크다.

다섯째, 혁신클러스터가 성공하기 위해서는 정부의 지원이 매우 중요하다.

여섯째, 혁신클러스터 형성에 있어서 정부는 환경조성자, 촉진자, 자원공급자의 역할을 수행해야 한다.

일곱째, 혁신클러스터의 발전은 많은 시간을 요하며 지역경제에 대한 긍정적 효과도 장기적인 관점에서 기대해야 한다.

여덟째, 혁신클러스터의 성공은 공공성과 사업성을 가진 효율적인 리더십을 필요로 한다.

아홉째, 혁신클러스터는 입지 지역의 초기 조건과 클러스터 내 주요 부가가치 활동이 부합될 때 성공적이다.

열 번째, 경쟁력 있는 혁신클러스터는 지역의 경쟁력을 제고하고 지역의 내부성장을 가져온다.

열한 번째, 경쟁력 있는 혁신클러스터의 발전에 대학과의 긴밀한 협력과 연구기관과의 심도 있는 지식 이전이 중요하다.

열두 번째, 혁신클러스터의 지원은 지역에서 가장 유망한 프로젝트를 추진하는 것에 기반을 두어야 한다.

열세 번째, 혁신클러스터 발전은 초기의 토착혁신역량이 임계치에 도달하지 못할 경우, 외부로부터의 비토착혁신 역량을 공급받아야 가능하다. 한국의 테크노파크가 좀 더 혁신클러스터의 역할을 충실히 추진하기 위해서는 관련 혁신클러스터 정책을 통합 추진하는 국가프로그램이 필요하다고 하고 있다. 또한 하드웨어의 구축 못지않게 소프트웨어적인 지원도 중요하며 관리기구의 사업성 강화와 외발적 기술혁신 전략의 추진이 필요하다고 한다.(홍성범 등, 2003)

이공래는 2001년과 2002년 및 2004년에 각각 우리나라 지식클러스터의 실태와 지역혁신을 위한 지식클러스터를 분석하였고,

혁신클러스터에서의 다분야 기술융합에 대해서 연구, 발표하였다. 그는 지식클러스터의 개념을 설명하는 데 있어서 (그림 2-5)와 같이 주체들과의 상호작용을 나타냈다.

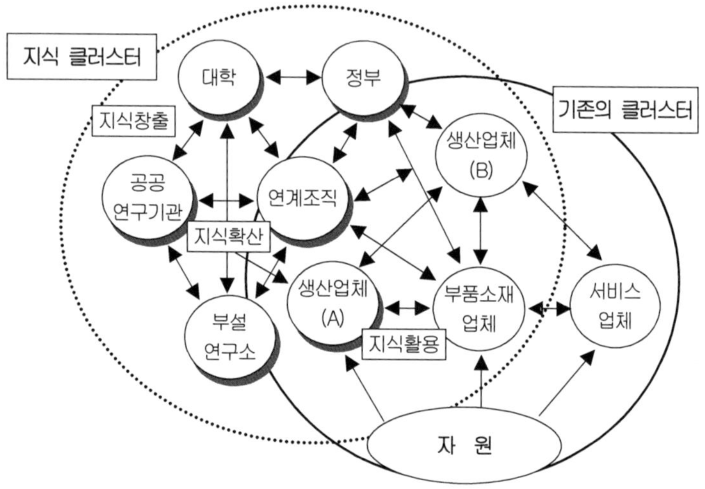

(그림 2-5) 지식클러스터에 포함되는 주체들과 상호작용

클러스터의 유형분류는 다음 (그림 2-6)과 같이 나타냈다.

또한 클러스터 내 행위자들 간의 다양한 네트워크 관계는 산업의 지식활동 특성에 따라 자기창출형, 흡수형, 지식강화형, 자족형 등의 패턴을 나타낸다고 했다.

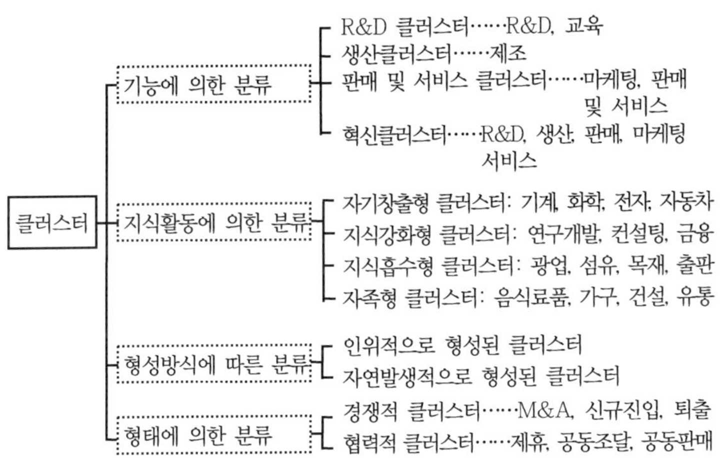

(그림 2-6) 클러스터의 분류

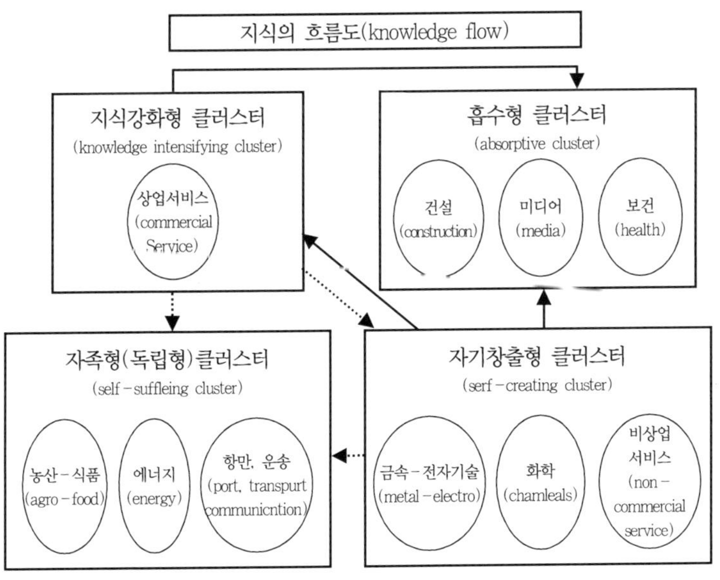

(그림 2-7) 클러스터 유형간의 지식흐름

클러스터 육성의 기본 방향에 대해서는 다음과 같이 제시했다. 1) 지방정부 중심의 상향식 정책 개발과 추진, 2) 중앙정부−지방정부 간 역할 분담, 3) 지방정부 간 경쟁과 협력체제 구축, 4) 핵심기술축의 육성, 5) 수평·수직 측면의 연계 강화, 6) 중앙정부 부처 간 공조체제 구축, 7) 산업별 지역별 차별적 클러스터정책 추진(이공래 2001).

그는 다분야 기술융합을 혁신클러스터와 연관시키는 것은 융합의 특성으로 보아 혁신클러스터 내에서 기술융합이 가장 잘 일어날 것으로 예측되기 때문이라고 했다. 다분야 기술융합은 용어가 의미하듯이 학제적 혹은 다학제적 연구개발이 필요하다고 하였다. 혁신클러스터에서의 기술융합 성공사례로는 미국의 샌디에이고 지역의 혁신클러스터와 보스턴 지역의 혁신클러스터를 살펴보았다. 미국 샌디에이고 지역은 생명과학연구센터가 중심이 되어 연구개발을 추진하고 지식을 축적해 나가면서 지역에 기반을 두고 있는 기업들과 협력연구를 시작하여 기업의 기존 기술지식과 융합하여 각종 신제품 신기술을 연속적으로 탄생시켰고 관련 업체들이 클러스터를 형성하였다.

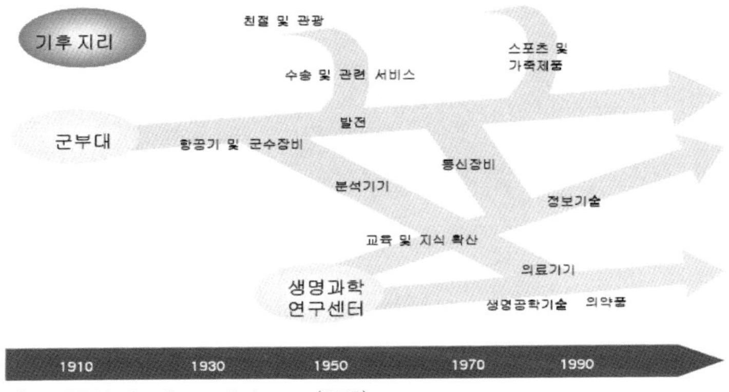

자료: Welsh Development Agency(2002).

(그림 2-8) 미국 샌디에이고 혁신클러스터에서의 다분야 기술융합

샌디에이고 혁신클러스터는 수송서비스, 관광 관련 서비스, 관광 기념품 생산기술을 기반으로 이것을 통신기술, 정밀기기기술, 정보기술, 생명공학기술, 기계기술 등 다분야 기술과 융합하여 혁신을 이룩하였다. 보스턴 지역의 혁신클러스터는 샌디에이고 지역과는 달리 의료보건 분야에서 오랜 전통을 갖고 있다고 한다. 보건의료 분야에서 일어나기 시작한 보스턴 지역 혁신클러스터에서의 기술융합은 고용량 컴퓨터기술 및 통신기술과 융합하여 한층 더 혁신되기 시작했다고 했다.

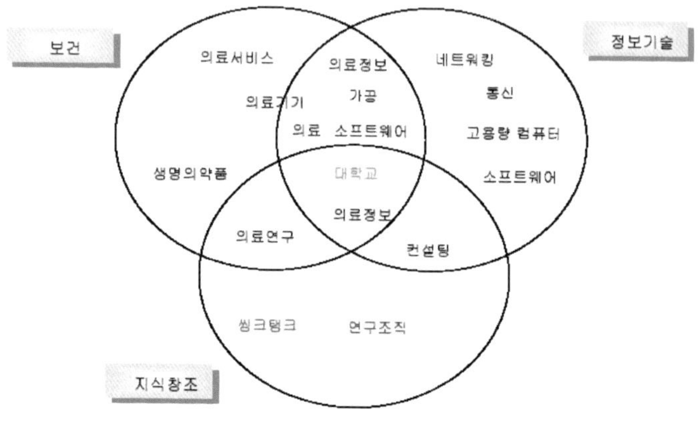

자료: Welsh Development Agency(2002).

(그림 2-9) 미국 보스턴 지역 혁신클러스터의 다분야 기술융합

그는 혁신클러스터에서 다분야 기술융합을 촉진하기 위해서 산학연 협력과 함께 네트워크가 강조된다고 하였고, 어느 유형의 기술융합이든지 혁신클러스터에서의 성공적인 융합과 기술 혁신을 위해서는 리더의 리더십이 필수라고 한다.

영국은 90년대 중반 이후 클러스터 연구가 본격화되었다. 통상산업부는 제조업의 경쟁력 제고 차원에서 산업 클러스터를 연구하였다. 영국정부는 1988년 경쟁력백서를 통해 클러스터의 중요성을 역설하였다. 또한 2001년 영국 통상 산업성은 "Business Clusters in the UK-A first Assessment"를 발간하여 영국 전체 154개 클러스터로 구성된 Cluster map을 작성하였다. 학계에서는 케임브리지 대학의 Centre for Business Research and Department of Geography가 클러스터 연구에 특화하였다. David Keeble, Clive

Lawson 등이 EU로부터 자금지원을 받아 케임브리지, 옥스퍼드, 그레노블, 소피아-앙티폴리스, 뮌헨, 헬싱키, 바르셀로나 등의 산업클러스터를 연구하였다.

3

국내 클러스터 구축 사례

제1절 대전-대덕밸리

대덕밸리 클러스터는 서울의 테헤란밸리의 포이밸리에 이어 국내에서 두 번째로 클 벤처 클러스터이다. 수도권의 벤처기업은 비교적 여러 집적지에 분산되어 있으나, 대전 지역 벤처기업은 대덕연구단지를 포한한 대덕밸리에 집중적으로 입지하고 있다. 대덕연구단지가 위치해 있는 유성구(15.4%)를 비롯하여 인근 대전 3, 4공단 및 대덕구(15.2%)와 둔산 신시가지로 이루어진 서구(15.2%)에 주로 밀집해 있다. 창업보육기관이나 벤처기업 집적시설, 벤처협동화단지 등 이 지역에 많이 설립되어 있는 벤처 지원시설에 창업벤처가 대다수 입지하고 있기 때문이다. 또한 서울 및 수도권 벤처의 경우 소프트웨어 및 인터넷 분야가 많은 비중을 차지하는 반면, 대덕밸리의 벤처는 반도체, 정보통신 등 하드웨어 분야의 기술벤처 비중이 높은 것도 주요 특징의 하나이다. 대전 지역 전체 벤처기업 중 정보통신관련 기업이 49.7%를 차지하고 있다. 그러나 산업화 정도는 아주 미약하여 전국 정보통신산업에서 대전이 차지하는 비중은 아직 낮은 편이다. 업체 수가 아니라 제품의 매출액 기준으로 보면 통신기기 및 방송기기의 경우 수도권 지역과 지방의 구미 및 마산자유무역 지역이 국내 대표적인 집적 지역이다.

대덕밸리에는 대덕연구단지의 우수한 연구기반을 바탕으로 벤처기업이 생성되고 있다. 대덕연구단지에는 한국전자통신연구원,

한국생명공학연구원, 한국원자력연구소 등 다양한 연구기관이 모여 있어 타 지역에 비해 기반기술의 확보 면에서 매우 유리하다. 연구인력도 박사급 4,455명을 포함하여 1만여 명이 넘게 있다.

대전 지역 공공기관 및 기업 등의 연구개발투자 규모는 약 2조 원으로 전국의 14.3%를 차지하였으며 2000년 말 연구개발인력 및 연구개발조직도 각각 전국의 9.3% 및 9.4%를 차지했다.

대덕연구단지는 일본의 쓰쿠바 연구학원도시를 모델로 1974년 조성에 착수하여 1992년 준공되었다. 순순하게 연구기능을 담당하던 대덕연구단지 내에서 벤처창업이 시작된 시기는 IMF 직전인 90년대 중반부터이다. 원래 대덕연구단지는 산업기능은 배제하고 연구 및 교육기능 위주로 조성되었으나, 94년 KAIST 내에 TIC(Technology Innovation Center) · TBI(Technology Business Incubator)가 설립된 이후 벤처창업 움직임이 본격화되었다.

그리고 90년대 중반 이후 대전시의 지원정책이 가시화되고 전자통신연구원 등 연구단지 내의 국책연구기관에서 TBI를 확대하면서 벤처창업이 급속히 증가하였다. 1999년 대덕연구단지 관리부서인 과학기술부에서 「대덕연구단지관리법」을 개정, 연구결과의 실용화를 위해 그 이전까지 입주가 불가능하던 산업체의 입주를 허용하면서 제조벤처 유인을 위한 제도적 장치를 마련하였다.

그러나 연구 중심의 대덕연구단지가 벤처창업의 산실로 변모한 실질적인 계기는 정부출연연구소의 구조조정이었다. IMF 이후 출연연구소의 구조조정 과정에서 연구원의 스핀오프가 유도되었고, 이후 연구결과의 실용화에 대한 관심 증대 및 정부의 벤처

지원정책으로 벤처 창업 붐이 확대된 것이다. 대덕밸리 IT 벤처의 83.2%가 IMF 이후 창업된 점이 이 같은 사실을 뒷받침하고 있다.

대덕밸리에는 벤처창업 및 정착을 위한 다양한 입지시설이 제공되고 있다. 이러한 벤처집적시설 또는 단지는 상호 보완적인 업체나 같은 출신 CEO들이 자발적으로 조성하여 기술개발의 연계성을 높이고 시너지 효과를 창출하고 있다. 창업보육단계를 지나서 성장단계에 있는 벤처기업들이 기술개발 연계망 때문에 대덕밸리를 떠나지 못하고 다시 이러한 벤처집적시설에 재입지하는 성장단계별 기업정착 구도가 형성되고 있는 것이다. 이러한 입지조건은 비연구단지 출신의 벤처기업을 대덕밸리로 유인하는 데 한몫을 하고 있다.

이에 따른, 대덕밸리 활성화를 위한 정부 및 지자체의 지원도 활발히 진행되고 있다. 과학기술부와 대전시는 기존 대덕연구단지를 확대하여 산(産)·학(學)·연(研)이 협력하고 공존하는 대표적 기술벤처 집적지로 발전시킬 계획하에, 대덕연구단지 내 연구소 및 대학, 대전 지역 산업단지, 엑스포과학공원 등을 연결한 종합개발계획을 추진하고 있다. 특히 대전시는 세계과학도시연합(WTA)을 주도하여 운영하고 있으며 테크로마트, 군수마트 개최 등을 통해 벤처산업을 지원하고 있다.

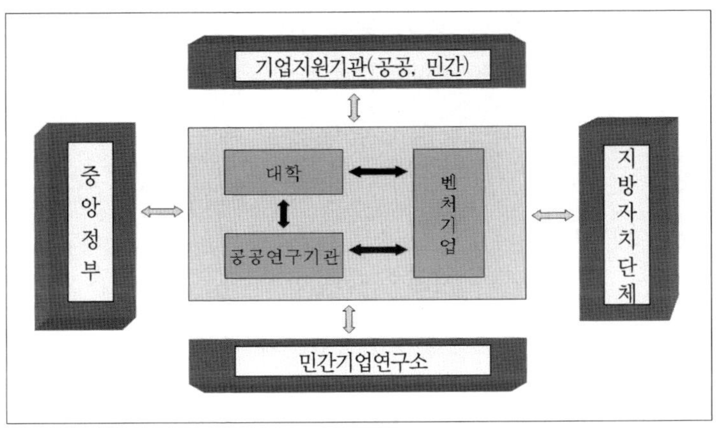

(그림 3-1) 대덕밸리 클러스터의 구성요소

대덕밸리 클러스터의 정보 및 지식교류는 지역 내 벤처 CEO 의 휴먼 네트워크가 중심을 이루고 있다. 소그룹 단위의 이러한 모임들은 동종업체 간의 정보교류 및 사업연계를 촉진하기 위한 목적으로 빠르게 확산되고 있다.

대전 및 천안 지역의 30개 업체가 참여하고 있는 반도체 모임 은 영업정보 고유, 기술연합, 해외진출을 위한 공동 네트워크 활 용, 기술정보 교환 등 상호교류를 촉진하는 대덕밸리의 대표적인 학습 네트워크이다. 또한 10여 개의 보안업체와 ICU의 정보보안 연구소가 공동으로 참여하는 보안모임, 전자신문사가 주관하는 산·학·연·관 휴먼 커뮤니티인 대덕IT포럼 등이 정기적으로 개 최되고 있다.

클러스터에서 혁신은 형식지보다 암묵지가 더욱 중요한 역할을

하며, 이러한 암묵지에 대한 학습은 비공식 암묵지가 더욱 중요
한 역할을 하며, 이러한 암묵지에 대한 학습은 비공식 네트워크
가 인근의 카페나 레스토랑 등 벤처인들이 자연스럽게 모이는 장
소에서 활발히 형성되는 것처럼, 대덕밸리에는 '대덕아고라'가 이
러한 역할을 담당하고 있다. ERTI(전자통신연구원)의 창업지원
센터 내에 설치된 벤처카페인 대덕아고라는 기술과 자본, 인재를
연계하는 만남의 장소로 활용되고 있다. 대덕밸리의 벤처가 코스
닥에 등록될 경우 대덕아고라에 주변 벤처인들이 모여 축제행사
를 가지는 것도 대덕밸리만의 독특한 문화이다.

 대덕밸리의 벤처는 연구소 및 대학에서 창업한 비율이 46.8%로
서 절반 정도를 차지하고 있다. 이들 벤처는 출신기관인 정부출
연연구소 및 대학과 직·간접적으로 다양한 연계를 형성하고 있
는 점에서 네트워크형 조직으로 볼 수 있다. 일반 기업이나 기타
출신자들이 대덕밸리에서 창업하는 가장 큰 이유도 연구기관 및
대학과의 기술협력 가능성 때문이다.

 대덕연구단지라는 비교적 명확한 경계 아래, 출신기관별 벤처
네트워크, 동종업체 간의 교류 및 협력망 등 대덕밸리의 아이덴티
티(Identity)가 싹트고 있다. ETRI 출신 벤처기업 모임인 EVA,
반도체 모임 등이 그 대표적인 사례로, 이러한 각 커뮤니티별로
실험적인 제휴, 협력, 공동연구개발, 마케팅 등의 시도가 나타나고
있다.

 대덕밸리에는 기초과학 및 산업발전과 연계된 핵심기술을 연구
하는 우수공학 및 과학연구센터(SRC/ERC)가 총 19개로서 전국

대비 21.1%로 매우 풍부한 상황이다. 지역협력연구센터(RRC)는 충남대, 한밭대, 배재대 등 3곳에 설치되어 전국(36개) 대비 8%를 차지하고 있다.

그러나 금융 및 마케팅 서비스 등을 포함한 기업지원서비스의 부족은 대덕 클러스터의 가장 큰 취약점이다. 벤처기업과 캐피탈의 관계는 단순한 재원조달뿐만 아니라 기업경영에 관한 전반적인 협력관계까지 포괄하는 것이 선진 클러스터의 경험이다. 벤처기업과 벤처캐피탈의 지역밀착형 네트워크 형성은 정보의 원활한 교류를 통한 펀딩 및 이후의 기업경영에 관한 전문가 자문으로 이어지는 것이 바람직하다. 따라서 금융 및 법률회계 관련 지원서비스는 기업이 입지한 지역에서 대부분 해결하게 된다.

대덕밸리 클러스터의 업종은 IT와 바이오가 대부분을 차지한다. 이러한 신산업 분야는 기술변화의 트렌드 및 시장동향을 적기에 파악하고 대응하는 것이 중요하다. 따라서 클러스터 내·외부의 환경변화에 대한 정보 및 원활한 지식의 흐름이 관건이다.

ETRI가 최근 중국에 이동통신 연구개발센터를 설치하는 등 국제화를 시도하고 있으며 일부 벤처기업들은 자체적으로 해외 연구개발 및 판매 법인을 설립하고 있다. 그러나 이러한 시도는 아직 초기 단계에 불과하며, 특히 해외의 IT기업이나 연구소의 대덕밸리 진출은 거의 전무한 상황이다. IT기업이나 연구소의 대덕밸리 진출은 거의 전무한 상황이다. IT산업의 본산인 실리콘밸리에 대덕밸리 클러스터 차원의 고정 거점이 없으며, 해외 연구기관의 유치도 매우 미흡한 상황이다.

또한 대덕밸리의 네트워크는 아직 출연연구소와 대학 중심으로 벤처 기술개발을 지원하거나 개발된 기술을 이전하는 'one-way 방식'에서 크게 탈피하지 못한 생태이다. 즉 교육 및 R&D부문이 산업부문을 압도하고, 산업부문이 교육과 연구개발을 선도하는 단계까지 진입하지 못한 실정이다.

실리콘 밸리, 시스타나 울루 등 선진 클러스터처럼 선도기업이 중심이 되어 전문기술을 가진 벤처기업들을 조합, 조정하는 선순환 네트워크 구조를 형성하기에는 아직 시간이 더 필요하다고 보인다. 그 이유는 우선 대덕밸리가 연구단지에서 출발했고, 도한 70년대 초반부터 형성되기 시작하여 20년 이상 연구기능만 수행하다가 벤처창업에 따른 상업화 부문이 도입된 것도 불과 10년밖에 되지 않은 상태이기 때문이다.

지식경제시대의 개막에 따라 각국은 대학과 연구기관을 중심으로 기술개발 및 이전과 기술창업 등 혁신적 생태계를 보유한, 상징적이면서 국가를 대표할 수 있는 혁신클러스터 창출에 심혈을 기울이고 있다. 대표적 사례로는 혁신클러스터의 원형인 미국의 실리콘밸리, 영국의 캠브리지 사이언스파크, 스웨덴의 시스타 사이언스파크 등 선진국뿐만 아니라 중국 베이징의 중관춘, 대만의 신쥬단지, 말레이시아의 MSC 등이 있다.

반면 한국에서는 60~70년대 수출 한국을 주도하였던 울산, 구미, 창원 등 전통산업 클러스터와 견출 수 있는 신산업 집적지가 아직 뚜렷하게 부상하지 못하고 있다. IT, BT 등 연구개발 및 혁신이 강조되는 신산업의 경우 집적을 통한 시너지 창출이 전통산업보다 더욱 필요하다.

이러한 상황에서 대덕밸리가 한국의 새로운 산업기술 혁신클러스터로 부상하고 있다. IMF 외환위기 이후 인터넷 및 소프트웨어 분야의 벤처기업 집적지로 부상했던 테헤란밸리는 닷컴 거품의 붕괴 이후 다소 위축되는 추세이다. 반면 대덕밸리는 정보통신, 바이오 등 기술벤처를 중심으로 보다 견고한 성장세를 보이고 있다.

그러나 대덕밸리는 해외의 성공적인 혁신클러스터에 비해 아직 부족한 점도 많다. 우선 대덕밸리 발전의 비전을 제시하고 중장기적으로 클러스터 발전을 리드라는 주체 간에 혼선이 빚어지고 있다. 대덕밸리는 연구단지에서 출발했으나 현재는 한국 기술벤처의 요람으로 급속히 성장하고 있으므로, 기술과 산업이 밀접히 연계된 혁신클러스터를 형성하는 것이 현시점에서 중요한 과제이다.

대덕밸리의 또 다른 취약점 중의 하나는 클러스터를 대표할 수 있는 선도기업 또는 대표기업이 아직 없다는 사실이다. 해외 유명 클러스터의 경우 그 지역을 대표하는 기업이 존재하여 부품·소재업체, 기술개발 기관 등을 통합, 조정하는 역할을 담당하고 있다. IT 클러스터의 경우 이런 역할은 첨단 다국적 IT 기업이 담당하는 경우가 많다. 대덕의 경우 벤처기업의역사가 일천하고 선도기업군의 매출규모가 대략 200억 원대에 불과하기 때문에 대표기업으로서의 역할을 하기에는 역부족이다. 이러한 역할을 하기 위해서는 최소한 시장진입에 성공한 후 기술개발 재투자단계에 들어선 기업이어야 한다. 기존의 대전 지역을 대표할 핵심 기업이 없기 때문에 대덕밸리의 대표기업 부족현상은 더욱 심각하다.

대덕밸리를 세계적인 혁신클러스터로 육성, 풍부한 연구개발 인프라를 바탕으로 기술벤처와 첨단기업이 연계된 21세기형 지역 혁신클러스터로 조성하는 것이 시습하다. 우리도 미국, 스웨덴, 핀란드, 중국처럼 한국을 상징하는 혁신클러스터를 조속히 창출하여 혁신기업의 메카로 뿌리내리게 해야 한다.

빠른 성장을 하고 있는 1세대 벤처 중에서 대덕 클러스터의 선도 기업이 출연할 수 있도록 지원을 강화해야 할 것이다. 대덕밸리의 경우 정책이나 일반인들의 관심이 R&D와 벤처창업에 지나치게 집중되어 있다. 그러나 이제는 하루빨리 선도기업을 만들어서 대덕밸리 구성 주체 간의 균형을 이루어야 한다.

정부에서는 대덕 클러스터의 'IT기술벤처 성공모델'을 발굴하고 적극적으로 홍보할 필요가 있다. 대덕의 클러스터는 업종이나 창업자 경력, 비즈니스 모델 등이 테헤란밸리와는 다르기 때문에 대덕밸리 고유의 성공모델을 조기에 창출하는 것이 중요하다. 이러한 성공적 기업, 즉 스타기업이 출연해야만 대덕밸리가 혁신클러스터로서 이미지를 높이고 투자유치에도 도움을 받을 것이다. 또한 이들 기업은 가시 출신 대학이나 연구기관에 재투자하거나 벤처캐피탈의 역할을 자연스럽게 담당할 수 있다.

외부의 혁신자원을 유치하기 위해서는 특히 클러스터 내 인프라 정비가 중요하다. 클러스터의 인프라는 산업단지와 달리 업무와 주거, 여가 등이 복합된 것이어야 한다. 따라서 외국인 전용주거단지 건설, 외국인 학교 및 국제학급 설치, 외국인 지원센터 설치 운영, 외국인의 문화 및 의료시설 활용 시 애로사항 해소 등 생활환경의 질을 국제적으로 높이기 위한 노력이 요구된다. 실리콘밸리도 2010년 비전에서 "혁신적 지역 경제구조뿐만 아니라 쾌적한 환경, 개방적 사회 시스템, 지역적 책무 등의 수준을 종합적으로 향상시키는 것"을 목표로 설정하고 있다.

도시계획적 관점에서도 클러스터 생활환경의 질을 높이는 방안을 고려해야 한다. 주변 지역의 그린밸트 등 개발 가능지에 대한 면밀한 토지조사를 바탕으로 입지수요에 부합하는 토지를 적시에 공급해야 할 것이다. 그리고 연구단지의 Aamenity를 침해하지 않는 범위 내에서 산업 및 상업용지 공급을 확대하여 기업활동의 단계별로 필요한 기능이 원활히 입지할 수 있도록 지원하는 것이 중요하다.

제2절 울산-자동차 클러스터

울산시는 총면적 1,055km²에 인구 100만여 명, 재정자립도 87.2%를 기록하는 국내 7대 도시다. 울산은 1962년 공업도시로 첫발을 내디딘 이후 자동차, 석유화학, 조선공업의 중심지로 성장을 지속, 현재 2,000여 개의 제조업체가 밀집해 있다. 그 밖에 국가산업단지 2개와 농공단지 4개가 조성되어 있고 3개의 지방산업단지가 개발되고 있다.

[표 3-1] 울산 지역 산업단지 현황

구 분	단지명	면적(천㎡)	주력업종	비 고
국가산업단지	울산·마포	46,135	자동차, 조선, 석유화학	487개 업체 입주
	온 산	17,071	비철금속, 석유화학	174개 업체 입주
농공단지	달 천	264	조립금속, 전기전가	61개 업체 입주
	상 북	139	운송장비, 1차금속	9개 업체 입주
	두 서	123	운속장비, 조립금속	14개 업체 입주
	두 동	70	운송장비	5개 업체 입주
지방산업단지	매 곡	556	자동차부품, 기계장비	2002년 조성
	삼 동	236	신소재, 정밀 광학기기	2004년 조성
	신산업단지	2,525	정보통신, 신소재	2011년 조성

울산은 국토의 동남부 지역에 위치하여 일본, 태평양, 동남아에 이르는 항로의 요충지로, 1962년 '울산공업특정지구'로 지정된 이래 급속한 산업발전을 경험하고 있다. 오랜 역사를 통해 양질의 노동력, 도로, 항만, 저력, 용수공급 등의 산업기반시설이 구축되어 있는 것이 장점이다. 또한 국내 최대의 산업항인 울산항을 비롯하여 도로·항공·철도 등의 산업기반시설을 갖추고 있어 물류비용이 저렴하고 산업 활동에 필요한 용수·전기·통신·가스 등의 산업지원시설도 풍부하다. 도심인구 100만 명 외에도 인근 대도시와 접근성이 양호해 양질의 노동력 확보가 용이한 것도 장점이다.

울산이 공업도시로 발전하기 시작한 것은 1960년대 제1차 경제개발계획(1962~1966년) 기간 중 정유공장을 건설하면서부터이다. 그 후 제2, 3차 경제개발 기간 중 자동차, 석유화학, 철강 등 각종 기간산업과 자동차 관련 산업이 입지하면서 대표적인 중화학

공업단지로 발전하기 시작하였다.

자동차클러스터로서 면모를 갖추기 시작한 것은 1968년 현대자동차 울산공장이 건설된 이후이다. 그 후 울산은 우리나라 자동차산업의 대표적 집적지로 성장했다. 현대자동차 울산공장은 총부지가 150여만 평으로 1일 5,500대, 연간 150만 대의 자동차를 생산하여 단일 공장으로는 세계 최대의 규모를 자랑하고 있다. 현대자동차 울산공장은 1968년 포드 '코티나(Cortina)' 모델의 조립생산(Knock Down)을 시작으로 1975년 최초의 고유모델인 '포니(Pony)'를 생산하였으며, 1991년에는 최초의 국산엔진인 '알파엔진'을 개발한 바 있다.

울산 자동차클러스터는 생산과 제조 위주의 특성을 보이는 반면 연구개발 네트워크는 발달해 있지 않다. 울산의 연구개발 조직은 1998년 기준 총 65개에 불과했는데, 이는 제주(12개)와 광주(39개)를 제외하고 전국에서 가장 낮은 수치이다. 특히 울산은 16개 시도 지역 가운데 유일하게 시험연구기관을 보유하지 못한 지역이다. 이로 인해 울산 지역의 부품업체는 다른 지역과 비교할 때 부품업체의 독자적인 연구개발 기능이 매우 취약한 편이다

한편 울산시와 산업자원부는 2010년까지 울산을 자동차산업의 세계적 거점으로 육성한다는 계획의 '오토밸리(Auto Valley)' 사업을 추진하고 있다. 자동차기업들이 밀집한 울산시 북동부 지역에 자동차 생산, 개발, 마케팅 등의 기능이 종합적으로 구비된 단지를 조성하는 사업이다. 이를 위해 5,000억 원의 예산을 들여 모듈화단지, 부품소재단지, 자동차부품 혁신지원센터, 울산 오토플

라자 등을 조성할 계획이다. 그러나 자동차관련 연구소들이 울산을 떠나는 상황이어서, 그 실용성에 의문이 제기되고 있다.

울산 클러스터의 정보흐름은 조립업체에서 부품업체로 전달되는 톱다운(top down)의 경로가 우세하다. 반면 부품업체에서 조립업체로 전달되는 보텀업(bottom up)의 경로는 매우 취약하다. 이 같은 특징은 현대자동차의 모델개발 시 조립업체와 부품업체 간의 정보교류에서 잘 나타난다.

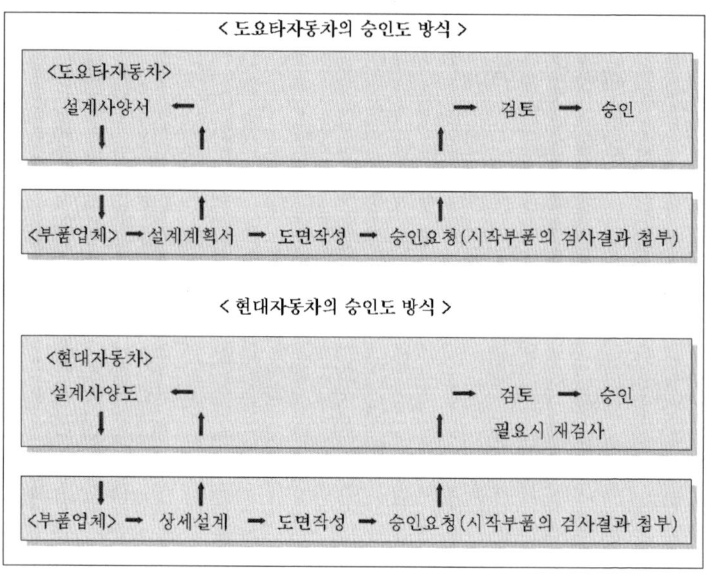

(그림 3-2) 부품승인체계의 비교

현대자동차의 경우 설계능력을 갖춘 승인도 부품업체의 참여 시기는 매우 늦은 편이다. 현대자동차의 부품업체는 모델고정 이

후 단계부터 참여하는 경우가 대부분인 데 비해 도요타자동차에
서는 부품업체가 제품개발의 초기인 모델기획단계부터 참여한다.
아울러 도요타자동차의 승인도방식에서는 도요타가 설계사양서를
제시하고 부품업체가 이를 토대로 도면을 작성하는 데 비해 현대
자동차에서는 조립업체가 사양도면을 제공하고 부품업체는 이를
완성시키는 경우가 많다. 이는 부품업체의 설계 재량권이 크지
않다는 것을 의미한다.

울산 자동차클러스터의 중심은 단연 현대자동차이다. 현재 현
대자동차는 2만 6,000여 명의 종업원을 고용하고 있고 하루 6,000
여 대의 자동차를 생산하고 있다.

< 선도-연계형(Hub and Spoke) 클러스터 >

울산 클러스터는 선도기업인 현대자동차의 주도로 관련기업들의 네트워크
가 구축된다는 점에서 선도-연계기업형 클러스터란 다수의 중소기업
(Spoke)들이 이들의 공동고객인 선도기업(Hub)과 하청관계를 통해 개별적
으로 연계를 맺고 있는 클러스터를 말한다(Markusen, 1996).

이와는 달리 실리콘밸리나 제3의 이탈리아(Third Italian district) 같이 다
수의 중소기업이 중심이 되어 네트워크를 형성하는 형태는 마샬(Marshall)
형 클러스터라 부른다(Robertson and Langlois, 1995).

울산시가 클러스터로서 발전하려면 무엇보다 먼저 기존 하청제
중심의 네트워크를 공동연구, 기술공유를 바탕으로 하는 혁신 네
트워크로 전환해야 한다. 이를 위해서는 선도기업과 연계기업의
관계가 지배-종속관계가 아닌 수평적인 협력관계로 전환되어야
한다. 아울러 개량·개선 등 점진적 기술혁신(incremental inno-

vation)을 촉진하는 부품업체 간의 지식교류 네트워크를 형성해야 한다.

구체적인 대안으로 모듈화단지의 조성을 들 수 있다. 모듈화의 진전에 따라, 자동차 제조기능이 집중되어 있는 울산의 현대자동차 공장은 그 역할이 축소되는 대신 모듈부품을 공급하는 부품업체의 역할이 증대할 것으로 전망된다. 비스테온, 보쉬 등 세계적 해외 모듈부품업체들을 유치해 세계적인 모듈부품 공급기지로 육성하는 방안도 필요하다.

다음으로 부품산업의 구조 고도화가 필요하다. 최근 자동차산업에서는 환경 및 안전 규제강화에 대한 대응, 연비 개선, 통신, 내비게이션 기능 제고 등을 위한 전자제어, 신소재, 정보통신 기술개발이 활발히 진행되고 있다. 자동차산업과 IT기술의 융합추세에 맞추어 자동차부품의 디지털 전자기술 도입이 요구되고 환경, 안전, 전자화 관련 부품기업을 육성할 필요성이 커지고 있는 것이다.

지역 간의 연계 강화도 고려할 만한 전략이다. 근처에 있는 창원 구미 등 동남권 지역의 산업도시들은 기계·전자 분야에 특화되어 있어 상호연계에 따른 집적 효과를 기대할 수 있다. 실제로 스웨덴 예테보리의 경우 기존의 자동차클러스터(볼보와 사브)에 스톡홀름의 무선 통신클러스터 시스타를 연계하는 '텔레매틱스 밸리'를 조성하고 있다. 예테보리와 스톡홀름은 자동차로 2시간 정도 걸리는 거리에 있어 연계가 가능하고, 텔레매틱스가 자동차와 통신기술을 결합한 기술에서 시너지 창출이 기대되고 있다.

제3절 이천 - 도자기 클러스터

이천은 한국을 대표하는 도자기 예술촌이자 산업집적지이다. 경기도 이천 지역은 인근 여주, 광주 등과 함께 하나의 뚜렷한 '도자기 산지'를 형성하고 있다. 2002년 2월 기준 이천 지역에는 도가지 요장(도자기 가마라는 뜻으로 생산업체를 말함)만 342개가 들어서 있다. 이들 생산업체와 함께 전시판매장이 107개, 도예교실이 25개, 재료상 등 도자 관련업체가 19개 등 총 493개의 관련 업체가 서로 어울려 도자산업에 종사하고 있다. 이웃하고 있는 여주군에는 숫자상으로는 더 많은 650여 개의 도자기 요장 및 관련업체가 있으며 광주(경기도)에는 50여 곳이 있다.

이처럼 이천을 중심으로 여주, 광주를 하나의 거대한 벨트로 묶어 볼 수 있다. 이 벨트는 곧 한국을 대표하는 도자기 클러스터로, 우리나라 전체 도자산업체 수의 67%를 점유할 정도로 큰 비중을 차지하고 있다. 조사를 보면 이천, 여주, 광주 등의 도자산업체 수는 844개로 경기도 지역 도자산업체 수(907개)의 93%, 전국 도자산업체 수 1,254개의 67%를 점유하고 있다.

이천과 여주, 광주를 통틀어 하나의 도자기 클러스터로 묶을 수 있지만 가장 전형적인 집적 효과가 나타나고 있는 곳은 한군데 정도로 압축된다. 이천 지역의 도예촌으로, 서로 어울려 교류하고 생산하는 경향이 상대적으로 강한 곳이다. 일본이나 유럽 등지에 알려지기로도 이천은 도자기를 상징하는 지역 브랜드의 이미지를 지니고 있다.

이 도예촌은 서울을 기점으로 43km 거리에 있어 자동차로 1시간 이내에 닿을 수 있다. 신둔면 도예촌은 고려청자의 계승 및 복원으로 널리 알려진 해강요의 해강도자기미술관과 최대 규모의 업체인 광주요 등 이른바 대표 브랜드가 몰려 있는 명소이기도 하다.

이곳에서 자동차로 10~15분 정도면 닿는 거리에 이천 도자기를 대표하는 또 하나의 생산지 사기막골 도예촌이 있다. 사기막골에서 자그마한 고개 하나 넘어서면 도자기축제 행사장이자 2001 세계도자기 엑스포로 유명해진 설봉공원이 반겨준다. 이 공원에는 현재 재단법인 세계도자엑스포와 이천 도자기 조합이 상주해 있다. 또한 도자기 관련 각종 전시, 세미나, 심포지엄 등의 행사들이 주로 열리는 명소이기도 하다.

위에서 살펴본 대로 이천 지역은 현재 우리나라를 대표하는 도자기의 주 생산기지이다. 대표적인 전승 도예가들이 다수 몰려 있는 곳이다. 이렇게 이천에 몰려 있는지에 알아보면, 이천 인근 지역은 조선시대부터 고급도자기 생산의 주거점이었다. 경기도 광주 왕실도자 분원은 세종대왕의 도자기 중흥정책에 힘입어 1467년 조선시대 초기에 설치된 관요로, 분원에서 만든 도자기는 400여 년간 왕실에 진상되어 왔다. 광주 지역에서만 220여 개소의 가마터가 발견되기도 했다.

이렇듯 조선시대에는 초기에만 전국에 걸쳐 수백의 각종 도자기 가마가 있었음을 『세종실록』에서 찾아볼 수 있다. 전국의 자기가마 136개소와 도기가마 185개소에 대한 기록이 남아 있기도 하다. 그 이전 고려자기의 경우를 보면 규모가 큰 생산지인 관요(官窯)가 4군데였고 나머지 소규모의 민요(民窯)가 70여 개소 정도로 전국에 걸쳐 산재해 있었던 것으로 전해진다.

이천에 옹기, 철기 가마가 많이 있었던 것은 소나무 숲이 우거진 이천의 설봉산과 정계산에서 땔감을 넉넉히 얻을 수 있었기 때문으로 여겨진다. 서울과 가까운 지리적인 이점도 물론 작용했을 것이다. 서울의 도예인들은 1950년대 말부터 대거 이천 지역으로 이주해 왔다. 결국 좋은 나무와 흙이 풍부했던 입지적인 장점 때문에 칠기, 옹기 가마가 이천 지역에 번성했으며, 그것이 오늘날 이천 도자기의 직접적인 생성 원인이라고 할 수 있다. 한마디로 관련 인프라가 이미 조성되어 있었기에 이천 도가지 집적지의 생성이 가능했던 셈이다.

이 때문에 당대 최고의 도자기 명장과 전문가들도 이천에 모이게 되었다. 일제시대 도예를 익혔다가 순전히 혼자 힘으로 고려 청자기법을 재현한 류근형(해강요 설립자), 제작자이자 도자공장 경영인인 지순택, 재일교포 사업가 조소수(광주요 설립자) 등이 그들이다.

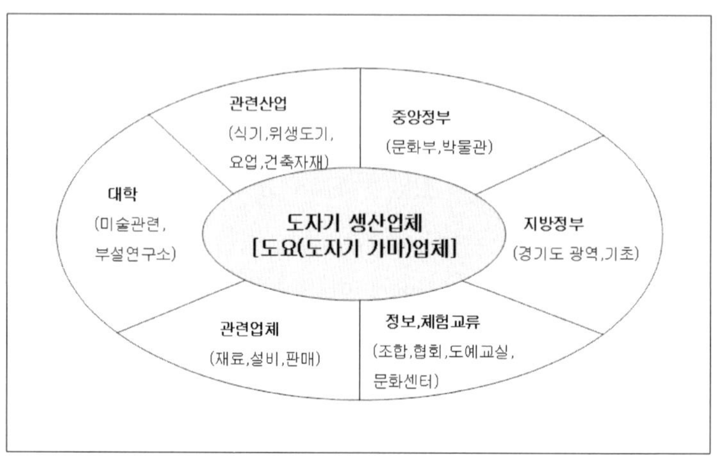

(그림 3-3) 이천 도자기클러스터의 구성 주체

이천 도자기 클러스터가 자리를 잡게 되는 과정에서 지방자치단체의 지원도 잘 들어맞았다. 1960~70년대 한창 일본인 특수가 일어날 때 당시 이천군은 도자기 생산업체가 농지를 사용할 수 있도록 허용하는 등 적극적인 유치정책을 폈다. 이러한 노력 덕택에 도자기업을 시작하려는 많은 미술대 졸업생, 일반인 등 외지인들이 부담 없이 이천을 찾아올 수 있었다.

이천 도자기 클러스터는 전통 도예를 계승, 복원하는 과정에서 생성된 산업화 노력과 같은 정부정책과는 일정한 거리를 두고 왔다. 그야말로 자생적으로 발전해 온 사례이다. 때문에 클러스터의 구성 주체와 역할 면에서도 철저하게 도자기 업체가 중심이 되고 있다는 점이 특징이다. 전승도자기의 복원이나 해외 판매, 새로운 디자인과 기술 개발 등이 모두 업계의 자발적인 노력으로 이루어진 것이다.

가장 먼저 해야 할 일은 역시 클러스터를 형성하고 지탱하며 작동시키고 있는 다양한 구성 주체들에 관한 과제라고 여겨진다. 클러스터라는 유기체의 세포이자 원소인 이들 개별 구성 주체의 실력 제고가 없다면, 당연히 전체 클러스터의 발전은 기약하기 어렵다. 이런 관점에서 먼저 이천 지역 클러스터의 구성 주체를 혁신하기 위한 방법으로, 다음 6가지 발전전략을 실행해 볼 만한 가치가 있다.

---

1. 대표 리더 육성
2. 생산의 계열화, 통합화 실현
3. 업체 대형화
4. 비전 공유와 전파 촉진
5. 공동제작/분업화 방식 정착
6. 유통, 물류시스템 개방 및 현대화

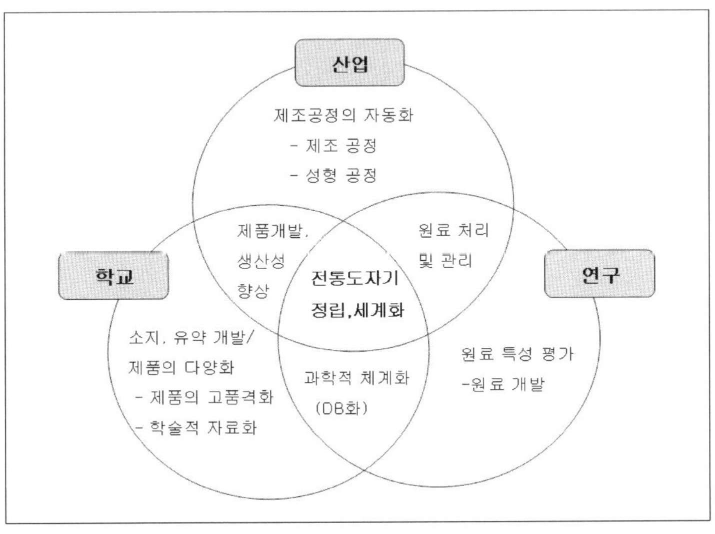

(그림 3-4) '국립도자연구소' 제안의 산학연 컨소시엄 구상

이천 도자기 클러스터에는 도예, 도자기 기술, 디자인, 마케팅 연구 및 개발을 총괄하고 전담하는 조직이 없다. 현재 국내의 도자기 관련 국공립연구소로는 요업기술원(한국산업기술평가원 부설)이 유일하다. 그러나 그나마도 서울(구로)에 위치해 이천 도자기 클러스터와 원활한 교류를 갖지 못하고 있다.

따라서 지금 시급한 것은 기술(재료, 공정 등)적 요소, 예술(디자인)적 요소, 마케팅적 요소 등을 총괄적으로 담당하는 통합연구기관의 설립이다. 연구기관은 도자기 수요자에 대한 분석과 시장 마케팅 전략관련 정보수집 및 연구기능을 수행하는 통합적인 연구개발 기능의 센터로서 자리매김해야 한다.

이천 도자기 클러스터가 아무리 자체 혁신을 하고 정부가 잘 도와준다고 해도 왕성한 수요가 따라주지 않으면 허탕이다. 그런데도 현실을 보면 이천은 단순한 도자기 품목 하나에만 매달리고 새로운 수요가 일어나지 않는 실정이어서, 이천 클러스터의 획기적인 도약을 기대하기 어렵다.

이제부터는 실수요자의 감성과 기호, 라이프스타일에 맞춘 다양한 상품개발과 도예 응용 분야의 확대로 지속적인 신규수요를 창출해야 한다. 전승 도자기는 도자기소지 및 유약과 화상타일에 관련된 연구개발을 통해 타일, 위생도기 등의 분야로 사업 확장을 확장할 수 있다. 광주요가 브랜드 대중화를 위해 '하나가지'라는 신규브랜드를 만들어 수요층을 확대하고 있는 사례가 좋은 본보기라고 할 수 있다.

미술계 전문가들은 한국 도예의 진화발전 경로상 지금은 산업화·현대화가 대세를 형성하기 시작한 단계라고 지적하고 있다. 도자산업의 젊은 연구자와 도예인들도 현대도예와 새로운 개념의 환경도예 등 신규 사업 영역에 대한 다양한 아이디어를 제시하고 있기도 하다. 이러한 새로운 영역에 과감히 진출하여 전승 도자기라는 닫힌 분야를 확충하는 결단이 필요한 시점이다.

이와 같은 이천 도자기 클러스터를 구성하는 각 주체들의 자체 혁신과 공동으로 대처하는 열성이 지속된다면 의미 있는 변화가 잇따를 것이다. 이를 지원하는 국가와 사회의 인프라 제공도 꼭 있어야 하며 인접 시장 확충도 더 이상 미룰 수 없는 광업이다.

4

경주의 혁신환경

제1 절 방사선폐기물처리장

1. 방사성폐기물

가. 정의 및 분류

방사성폐기물이란 우리나라의 원자력법에 의하면 방사성물질 또는 그에 의하여 오염된 물질로서 폐기의 대상이 되는 물질이라고 정의하고 있다. 이러한 방사성폐기물은 방사능의 세기에 따라 저준위와 고준위폐기물로 구분하고 있다. 저준위폐기물은 글자 그대로 방사능의 정도가 낮은 것을 말한다. 원자력발전소의 운전원이나 보수요원이 사용했던 장갑, 덧신, 가운, 걸레 그리고 각종 교체 부품 같은 것들이다. 또한 방사성동위원소를 이용하는 산업체, 병원, 연구기관에서 나오는 방사성폐기물도 저준위폐기물로 구분하고 있다.

고준위폐기물은 사용 후 연료 자체 또는 이를 자원으로 재활용하기 위해 재처리할 때에 발생하는 수준의 방사능을 갖는 폐기물을 말한다. 그러나 사용 후 연료는 폐기물이라기보다는 95% 이상을 재활용할 수 있는 물질이기 때문에 폐기물로 간주하지 않는 것이 세계적인 추세이다. 우리나라는 사용 후 연료를 직접 처분해야 할지 또는 재처리하여 이를 자원으로 재활용해야 할지 아직 정책적으로 결정하지 않았다. 따라서 현재 우리나라에서 처분의 대상이 되고 있는 것은 방사능 수준이 아주 낮은 저준위폐기물에 한정되고 있다.

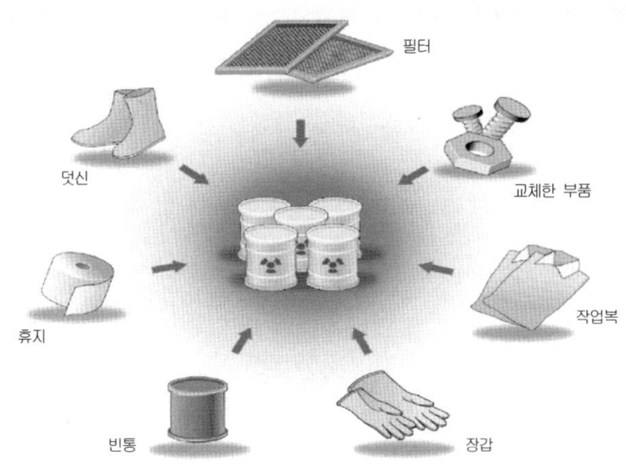

(그림 4-1) 중·저준위 방사성폐기물

나. 방사성폐기물의 처리

방사성폐기물은 형태에 따라 기체, 액체, 고체상태의 폐기물로 나눌 수 있다. 어느 것이나 방사능의 세기가 약한 것들이라지만 보다 안전한 관리를 위해 처분에 앞서 형태에 따라 알맞게 처리해야 한다. 원자력발전소에서 나오는 기체폐기물은 일단 밀폐탱크에 저장한 후 방사능이 기준치 이하로 떨어지면 고성능 필터를 통해 대기로 내보내게 된다. 배기구에는 고감도 방사선 측정 장치가 있어서 혹시라도 방사성물질이 새어 나갈 경우에는 경보가 울리면서 배기구가 자동으로 폐쇄된다. 세탁수와 같은 액체폐기물은 저장조에 모았다가 증발장치를 이용하여 깨끗한 물과 찌꺼기로 분류한 후에 깨끗한 물은 재사용하거나 고성능의 방사선 측정 장치가 달린 배수구를 통해 외부로 내보내고, 찌꺼기는 시멘트 등을 이용하여 안정된 고화체로 만든 후 철제 드럼에 넣어 밀봉해 저장한다.

원자력발전소의 운전원이나 보수요원들이 사용했던 작업복, 장갑, 덧신이나 발전소 보수를 위해 교체한 부품 같은 고체폐기물은 압축하여 부피를 작게 한 후 역시 철제드럼에 넣어 밀봉상태에서 발전소 내 저장고에 보관한다. 연간 발생하는 고체폐기물을 국민 전체로 환산하면 1인당 11g 정도이다. 산업폐기물과 일반쓰레기 발생량이 1인당 2천kg이 넘는 것을 감안하면 원전수거물 발생량은 매우 적다. 이와 같이 여러 가지 형태로 발생되는 방사성폐기물은 어떠한 형태의 것이든 안정된 형태로 만든 후에 처분하게 된다.

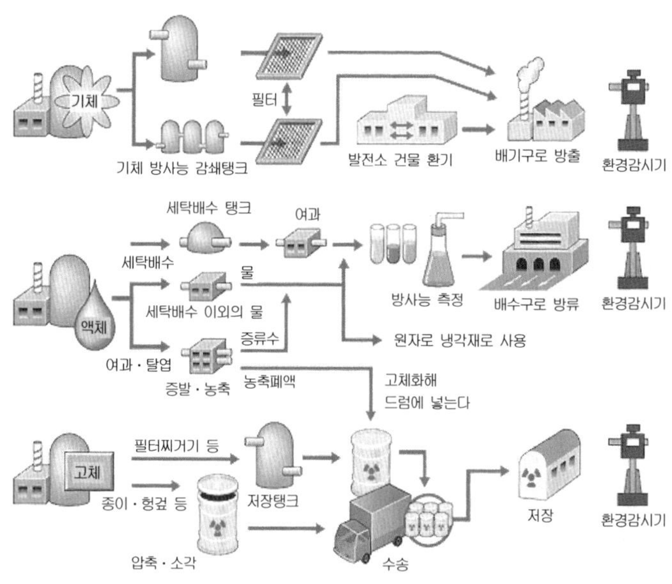

(그림 4-2) 방사성폐기물의 처리과정

다. 방사성폐기물의 처분

원자력발전소에서 나오는 방사성폐기물은 발전소 내 임시 저장고에, 병원이나 산업체에서 나오는 방사성폐기물은 대정의 원자력환경기술원 임시저장시설에서 저장·관리되고 있다. 오는 2008년이면 임시저장시설이 단계적으로 포화상태에 이를 것으로 예상되므로 최종적으로는 생활환경에 영향을 주지 않도록 영구 처분해야 한다. 방사성폐기물을 처분하는 방식은 크게 천충처분과 동굴처분 두 가지가 있다.

천충처분이란 땅을 얕게 파서 처분하는 방식으로 지표면을 평탄하게 부지정지한 후에 폐기물을 처분할 콘크리트 구조물을 건설하고, 폐기물 용기를 그 안에 정치한 후 그라우트나 골재로 용기 사이를 채운다. 그리고 상부에 콘크리트 슬라브를 타설한 후 처분구조물에 저투수층, 투수층 등 다층의 토양 덮개를 건설하여 폐쇄하게 된다. 폐쇄 이후의 핵종누출 등 혹시 있을지 모를 처분고 밖으로의 핵종이동을 감시하기 위해 처분고 지하부에 점검통로를 설치한다. 천충처분 방식을 채택한 국가는 일본, 프랑스, 영국, 미국, 스페인 등이 있다. 동굴처분은 땅속 깊은 곳에, 또는 산속이나 해저에 동굴을 파서 처분하는 방식으로 지하수 유동속도가 매우 작은 심층(약 $60\sim100m$)에 수직형 동굴이나 수평형 동굴을 굴착한 후 내부에 처분 콘크리트 구조물을 건설하고, 폐기물 용기를 처분 구조물 내에 정치한 후 그라우트로 용기 사이를 채운 뒤 콘크리트 덮개 시공한다. 처분구조물과 동굴 사이의 빈

공간에 골재나 벤토나이트로 뒤채움 하고 동굴 입구를 밀봉하여 처분시설을 폐쇄하게 된다. 동굴처분 방식 채택 국가는 스웨덴, 핀란드 등이 있다. 어느 것이든 지하수의 흐름이 없는 단단한 암반이거나 지질학적으로 안정된 지역에 건설해야 한다. 우리나라는 부지 확보 후 자연 및 인문사회학적 특성을 고려해 처분방식을 결정할 계획이다. 선진국에서는 오래전부터 영구처분장시설을 갖추고 안전하게 관리하고 있으며, 오랜 기간 운영결과 주변 지역 환경에 전혀 영향을 끼치지 않는 것으로 밝혀졌다. 어떤 처분방식을 택하느냐 하는 것은 그 나라의 특성에 따라 다르다.

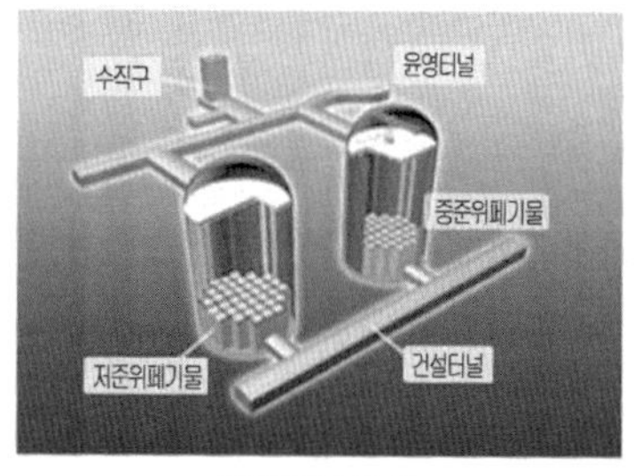

수직형 동굴처분의 개념도

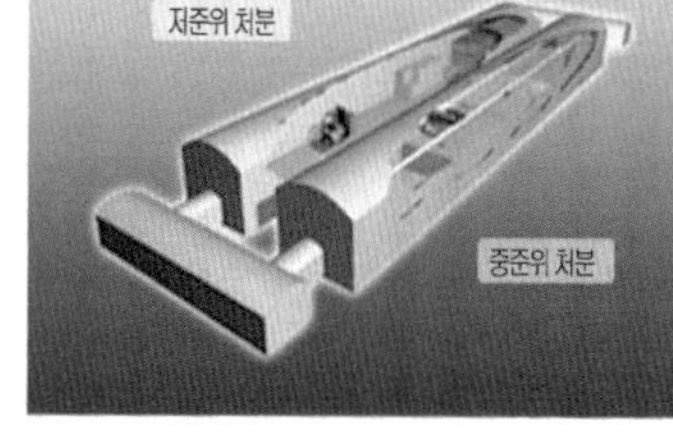

수평형 동굴처분의 개념도

(그림 4-3) 동굴처분방식

전층처분개념도

(그림 4-4) 천층처분방식

2. 방사선폐기물처리장의 필요성

21세기는 에너지안보의 시대이다. 때문에 고유가와 이산화탄소 배출 규제를 이겨낼 수 있는 거의 유일한 대안이 원자력 발전이라는 데 이의를 제기하기는 어렵다. 현대의 생활에서 전기 사용은 공기나 물의 사용과 같을 만큼 석유 한 방울 나오지 않는 우리나라에서 일상생활을 함에 없어서는 안 될 존재가 되었다. 그러나 이러한 전기가 어떠한 절차를 거쳐서 만들어지며 얼마만큼의 전력이 생산되는지 또 얼마만큼의 전력을 생산하기 위해서는 어느 정도 환경오염이 되는지 잘 알려져 있지는 않다.

전력을 생산하기 위해 원자력발전소, 수력발전소, 화력발전소, 풍력발전소, 태양력발전소, 내연기관발전소 등이 있다. 여기서 화력이나 수력, 풍력, 태양력 등의 발전방식은 전기 소비가 급증하고 있는 우리나라에서는 비효율적인 방식이다. 석유, 석탄, 천연가스 등의 에너지원을 대부분 해외에서 수입하고 있는 상황이고, 화력발전은 발전연료비가 비쌀 뿐 아니라 대기오염이라는 문제에 부딪히게 된다. 그리고 수량과 낙차 등을 고려해야 하는 댐 방식 수력발전소는 이미 더 이상 우리나라의 산천에 지을 곳이 없다. 또 풍력이나 태양력으로는 대규모의 발전량을 만들기에 부적합하며 중소규모의 발전소는 가능하지만, 이 또한 산과 들의 바람이 일 년 중 계속 유지될 수 있는 적당한 위치에 건설하기 위해 산천을 파괴해야 한다. 그리고 환경오염에 대해서도 생각을 하지 않을 수가 없다. 화력발전으로 인해 얼마나 많은 공기를 사용하게 되고, 연소된 배연가스를 탈황시설과 전기집진방식으로 걸러서 대기로 보낸다고 하지만 대기오염이 안 된다는 보장도 없다. 이 작은 나라에서 부존자원도 없고 대부분을 해외에서 수입하고 있는 처지에 투자대비 효율성을 고려하지 않을 수가 없다.

원자력발전이 우리나라 전력량의 40%를 생산하는 현실을 감안한다면 전력난은 불가피해질 것이다. 지난 20여 년간 그나마 원자력이 도입되었기에 경제성장도 할 수 있었고 전기료에 큰 부담을 느끼지 않은 채 가전제품도 사용해 온 것이다. 해마다 소비가 급증하고 있는 전기를 효율적으로 생산해 내기 위해서 발전설비를 계속 늘려가야 한다. 결국 이러한 상황에서 가장 최적의 대안이 원자력발전인 것이다. 원자력발전소는 화력발전소 등 다른 발전방식에 비해 건설비가 비싸지만 40년 이상의 운전 기간 동안 사용되는 연료인 우라늄이 석유나 천연가스에 비해 월등히 싸기 때문에 매우 경제적이라서 우리나라 현실에서 원자력 발전은 필수적이다. 원자력발전소에서 발전하기 위해 사용된 폐기물들은 방사선이라는 독소가 있어서 아무데나 버릴 수가 없다. 방사성폐기물은 안전한 방식으로 처리를 해서 안전하게 보관할 장소가 필요하기 때문에 방폐장의 설치가 필요한 것이다. 현재 원자력발전의 부산물인 방사성폐기물은 원자력발전소 내의 임시저장고에 보관해 오고 있으나 2008년부터 이곳도 포화상태에 이르게 된다. 그래서 방폐장의 건설이 절대적으로 필요한 실정이다.

3. 방사선폐기물처리장의 안전성

원자력발전으로 인한 방사선이란 무엇일까? 얼마나 위험하기에 정부에서 추진하고자 하는 국책사업을 반대했던 것일까? 그러나 방사선이 우리 인체에 어떻게 노출되면 어떤 영향을 미치는지 정확히 알고 있으면 방사선은 무서워할 게 아니다. 방사선은 물질을 투과할 수 있는 힘을 가진 광선으로 α선, β선, γ선 등이 있다. 넓은 뜻에서의 방사선은 원자핵이 관여하는 각종 반응에 의해서 생기는 입자선이나 전자기파를 포함하는 것이다. 이 중에서 α선과 β선은 방사성 붕괴에 의한 원자핵의 붕괴와 직접 관계가 있는 입자선이며, α선의 본체는 헬륨의 원자핵, β선의 본체는 전자(電子)이다. 이에 대하여 γ선은 파장이 짧은 전자기파이며, 핵붕괴에는 직접 관여하지 않는다. 방사선은 공기나 물과 같이 이 세상을 구성하는 수많은 자연요소 중의 하나로 지구의 생성 때부터 우리와 함께 존재하고 있다. X-ray 등의 의학이나 학문연구에 쓰이는 것뿐 아니라 대부분의 자연물, 심지어는 사람에게서도 방출된다. 이렇게 우리는 방사선 속에서 살아가고 있고, 우리 생활 어디에나 있지만 적은 양이기 때문에 생활하는 데 아무런 지장을 주지 않는다.

선진국에서는 오래전부터 영구처분장 시설을 갖추고 폐기물을 안전하게 관리하고 있으며, 오랜 기간 운영결과 주변 지역 환경에 전혀 영향을 끼치지 않는 것으로 밝혀졌다. 그리고 중·저준위 방사성폐기물을 안전하게 처분하는 기술은 세계적으로 40~50년의 영구처분시설 운영경험을 통해 충분히 안전성이 입증되었다. 방사성폐기물관리시설에서 나올 수 있는 연간 방사선량은 비행기로 유럽여행을 한번 할 때 받는 양보다 훨씬 적고, 또한 관리시설에는 공해물질이나 온배수가 나오지 않아 주변 지역의 농수산물 피해는 전혀 없으므로 안심할 수 있다. 그러나 국민들은 방사성폐기물이란 용어에서 매우 심각한 오염물질을 연상하게 되고 위험하다고 생각한다. 이유는 보이지도 않고 냄새도 없는 죽음의 광선인 방사선이 나오기 때문이라고 한다. 이러하듯 원자력이라는 특수한 과학 분야에 대해 잘 모를 수밖에 없는 일반 국민들로서는 방사선하면 왠지 꺼림칙하고 몸에 해롭다는 인상을 받게 되는 것이다.

현재 추진 중인 방폐장은 중·저준위 방사성폐기물로서 작업자들이 사용하고 난 물품들이나 폐수지 등이기 때문에 방사선누출사고 등을 염려할 필요는 없다. 이러한 방사성폐기물에서 나오는 방사성물질이 외부환경으로 유출되지 않도록 다중 차단벽을 설치하여 안전성을 최우선 목표로 하고 있다. 안전성에 대해 전문적이고 객관적인 인정을 받기 위해 방사성폐기물 분야의 전문가 6인으로 구성된 IAEA 전문가 팀의 한국방문이 있었다. IAEA 전문가 평가 프로그램은 IAEA 회원국이 방폐장을 포함한 원자력 시설의 안전성에 대한 자국 내 검토 결과를 IAEA가 구성한 국제전문가 자문단을 통해 평가하는 프로그램으로, 우리보다 앞서 방폐장을 건설·운영 중인 미국, 스웨덴, 핀란드, 스페인 등도 동 프로그램을 활용한 바 있어 국제적으로 전문성과 객관성이 인정된 프로그램이다. 이들은 한국 입국 이후 부지선정위원회 위원 및 전문가들과 심도 있는 토론과 함께, 경주시 양북면 부지에서 현장조사 등을 수행했다. 부지선정 관련법규, 부지선정 절차, 부지조사의 적절성, 부지평가결과 등에 대해 검토한 후 국제기준에 부합하고 제반 기술적 요건을 만족하는 것으로 평가했다. 향후 방폐장 건설 시에도 안전성에 대한 충분한 관심을 기울일 것을 권고하였다.

그리고 방폐장의 건설은 일반 건물을 짓는 것과는 달리 매우 엄격한 법의 적용을 받는다. 우선 시설을 건설하기 위해 부지를 선정하기 위해서는 지질조사, 지진조사, 생태학조사 등 법이 정한 까다로운 조사를 통과해야 한다. 시설을 건설할 때에도 국제원자력기구가 정한 기준에 따라 건설하게 되는데 우리나라는 이보다도 훨씬 더 엄격한 설계기준을 적용하고 있고, 또한 시설이 안전하게 운영되는지를 감시하도록 지역주민과 환경단체가 참여하는 환경감시기구를 운영한다. 이렇게 엄격한 적용을 받아 방폐장은 건설되고 다중 차단벽 설치에 의해 방사성물질의 유출을 차단한다. 다중 차단벽은 다음과 같다.

[표 4-1] 다중 치단벽의 구성

구 성	내 용
제1방벽	중·저준위 방사성폐기물을 견고한 용기로 포장하여 1차적으로 안전성을 확보합니다.
제2방벽	처분 구조물이나 방사성폐기물 용기 사이에 몰타를(시멘트) 등을 채움재로 이용하여 2차적으로 안정성을 확보합니다.
제3방벽	토양이나 암반 등 자연방벽을 이용하여 3차적으로 안정성 확보합니다.

이렇게 수차례에 걸친 다중 차단벽을 설치할 뿐만 아니라 유치 지역에는 시민감시단도 두어 항상 유출 방사선량을 확인하게 한다. 그리고 우리나라에 건설되는 동굴처분시설은 자연방벽을 이용하여 방사성폐기물을 인간생활권으로부터 완전히 격리시켜 준다. 이렇게 안전성에 대해 철저한 준비를 하고 있는 방폐장은 기피시설일 뿐이지 절대로 위험한 시설은 아닌 것이다. 위험하지는 않지만 예외적인 상황도 있으므로 방폐장이 건설되고 나면 시민들의 지속적인 감시가 필요하다.

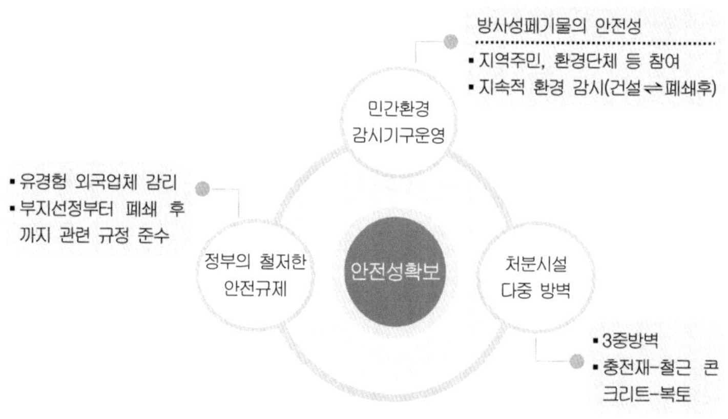

(그림 4-5) 안전성 확보 3대 원칙

4. 경제적 파급효과

경주는 그동안 경마장 그리고 태권도공원 유치에서 잇따라 실패하면서 국책사업과는 인연이 없다고 생각하였지만, 그러나 백상

승 경주시장이 방폐장 유치에 결연한 모습을 보이며, 방폐장 유치에 사활을 걸고 유치에 나섰다. 방폐장 부지로 지정된 경주는 앞으로 정부로부터 과다하리만큼 큰 인센티브를 지원받게 될 것이다. 「유치지역지원특별법」의 주요 내용으로는 첫째, 특별지원금(약 3,000억 원) 지급, 반입수수료(약 50-100억 원)를 도입하는 한편, 한수원 본사의 이전을 명문화하여 지역경제 활성화는 물론 고용증대에도 크게 기여할 것으로 기대된다. 둘째, 사용 후 연료 관련시설이 중저준위 처분시설 유치 지역에 추가 건설되는 것을 금지하는 규정을 명문화하여 지금까지 '사용 후 연료의 영구처분장이 추가로 건설될 것이며, 그에 따른 안전선의 문제가 있다'는 지역의 의구심을 해소한다. 셋째, 주민투표를 법으로 의무화하는 한편, 부지선정 전 과정을 투명하게 진행하고 지역주민 대상 설명회, 토론회개최를 의무화함으로써 민주적인 절차를 보장한다.

이러한 법의 제정에 따라 방폐장 운영 개시 이전에 특별지원금 3000억 원을 유치 지역에 지원키로 하고, 또 연평균 85억 원(추정)의 반입수수료를 운영단계에서 지급하고 한국수력원자력(한수원) 본사 이전, 양성자가속기사업 등의 인센티브를 주기로 했다. 국고보조금의 인상과 경북과 전북의 경우엔 유치 지역에 300억 원의 지원금을 별도로 주기로 했다. 정부가 약속한 지역 특별 자금 3천억 원, 한수원 본사 이전, 그리고 양성자가속기들이 한 묶음으로 들어오게 되는 것이다. 그렇게 되면 경주 지역의 생산 유발 효과는 3조 원이 넘을 것으로 예측되고 있다. 정부의 발표에 따르면, 금년 말에 방폐장 예정지구를 고시하고, 내년 상반기에 건설 허가, 그리고 실시 계획을 함께 승인받아 시공회사를 결정하게 된다. 내년 하반기에 정부는 방폐장 사업 계획을 최종 승인하여 2007년 초부터 공사를 시작해서 2008년까지 완공하게 될 것이며, 2009년부터 원전 쓰레기들을 저장할 계획으로 알려진다. 확보될 토지는 60만 평으로 예정되어 있다.

방폐장 유치 시 경제 파급효과로 생산유발효과는 최소 3조 3,903억 원~최대 22조 818억 원, 부가가치유발효과는 최소 2,460억 원~최대 1조 6,529억 원에 이르고, 고용유발효과는 최소 2만 9,032명~최고 20만 5,860명이 되어서 엄청난 파급효과가 생기게 된다.

유치지역(경주시) 특별지원 내용

∘ 특별지원금 3,000억원
∘ 한국수력원자력(주) 본사 이전
∘ 양성자 가속기 건설
∘ 기타 특별법상의 다양한 지원

(그림 4-6) 경주시 특별지원 내용

5. 선진 방폐장의 운영 실태와 시사점[8]

가. 오킬루오토(OLKILUOTO) 원전시설

○ 위　치: 핀란드 헬싱키 북서쪽 275km 지점의 오킬루오토 섬
○ 운영 주체: Posiva Oy사

---

8) 방폐장·양성자가속기사업 관련 해외연수결과보고서(경상북도청 과학기술진흥과, 2006. 2).

○ 시설현황

- Olkiluoto 원자력 발전소 내에 설치된 중저준위 원전 수거물 고화처리 시설에서 200리터 용량의 폐기물 드럼을 이용하여 중저준위 원전수거물을 아스팔트 고화처리

- 고화된 폐기물 드럼을 콘크리트로 제작된 컨테이너에 실려 발전소 인근 지하에 위치한 VLJ 중저준위 원저수거물 최종 처분시설로 이송 처분

- 지하 암반 동굴 60~100미터 깊이에 위치한 원전 수거물 최종 처분시설인 VLJ는 1992년부터 운영되기 시작, 이 최종 처분시설의 처분용량은 8,800㎥로서 Olkiluoto 원전이 가동 기간 동안 발생된 중저준위 원전 수거물을 충분히 수용할 수 있도록 건설됨

- 1995년에 IVO, TVO 두 전력회사가 각각 40%, 60%의 지분을 출자하여 두 전력회사 소속 원자력 발전소에서 발생된 사용 후 핵연료의 관리 및 최종 처분에 관련된 일체의 업무를 전담할 목적으로 Posiva 주식회사를 설립하여 운영

○ 오킬우오토 방폐장의 경우 원전이나 방폐장은 순수 민간업체가 독일은행 등으로부터 돈을 빌려 건설하며, 그 운영에 정부는 어떤 형태로도 관여하지 않음. 단, 민간기업이 방폐장 시설 도중 하차하는 것을 막기 위해 건설자금을 정부에 예치한 뒤 착공토록 하고 있으며 위치선정, 보상, 행정절차를 밟는 것은 민간업체의 몫임

(그림 4-7) 오킬루오토(OLKILUOTO) 원전시설과 방폐장 전경

○ 오킬루오토 섬안 원전과 방폐장으로부터 5㎞ 밖에는 현재 20여
  명이 거주하고 있으며 여름철 섬북쪽 해변가에 50여 개의 고급
  별장에는 피서객들로 가득 차 휴양지로 각광을 받고 있어 방폐
  장 관련시설이 그만큼 안전하다는 사실을 뒤받침하고 있음
○ 방폐장 반경 20㎞ 거리의 라우마와 기초단체인 유라조키에는
  각각 3만 명과 6천 명이 살고 있으며 안전에 우려하는 사람은
  없다고 함
○ 라우마는 방폐장이 들어서기 전 1만여 명이 조금 넘었지만 들
  어선 후 3만 명이 이르고 있고, 비슷한 거리의 유라조키마을
  도 3천 명이하의 인구가 방폐장 유치 이후 6천 명을 웃돌고
  있다고 함
○ 근무인원 2,500여 명 중 60%가 에우라요키라는 인접도시에
  살면서 소비와 주택시장을 주도하고 있음

○ 방폐장의 직원 채용은 공채를 원칙으로 하고 있지만 같은 급
  여를 받고 골짜기까지 오려는 사람이 많지 않다 보니 자연스
  레 시설이 위치한 지역 출신들이 대거 채용되면 해당 지역의
  취업률이 높아져 취업걱정이 사라진 상태
○ 법적인 재정지원 사항은 없지만 지방정부와 Posiva사 간의 협
  정에 의해서 지역주민에게 재정을 지원(지역 행사 등)
○ Posiva가 방폐장 건설시 초기 단계서부터 완공 시까지 지역주
  민과 대화, 정보공개, 환경영향성평가 결과 통보, 소그룹 회의,
  공개토론, 부지조사 기술적 내용 전시, 시민과 인터뷰, 세미나
  등을 통한 장기간 대화를 실시하여 Olkiluoto 방폐장 부지가
  위치한 Eurajoki 지방의 지역주민 대다수가 부지선정 제안을
  승인토록 도모하였음

나. Drigg 중저준위 방폐장 시설

○ 기 능: 중·저준위 원전수거물 영구처분
○ 위 치: Sellafield원자력시설로부터 7km 거리에 위치운영현황
  • 1959년: 단순천층처분(일반매립지와 흡사)
  • 1989년: 공학적천층처분(콘크리트 구조물)
  • 면 적: 30만 평
  • 처분방식: 단순 천층처분방식+공학적 천층처분방식
  • 처분용량: 350만 드럼(200ℓ 기준)
    − 단순처분시설(650,000㎥): 트렌치(25m×8m×700m) 7개소

- 공학적처분시설(195,000㎥) : 트렌치(178m×5.3m×260m)
  - 수거물 발생처: 셀라필드 원자력시설(70%), 기타(30%)
- 1959년부터 점토층 부지에 단순처분
- 처분된 저준위수거물의 주요 내용물은 휴지, 플라스틱병, 작업복, 포장상자 등 고체수거물이 99%임
- 수거물의 부피감소를 위해 압축방법 도입으로 대형 중량의 콘테이너가 사용됨에 따라 단순처분 방식이 맞지 않음
- 1986년 구소련의 체르노빌사고로 인한 인근주민 및 대중의 불안 요인의 증대되자 이를 철저히 관리하여 불안요소 제거
- 1987년 5월 건설허가
- 1987년 9월부터 1988년 10월까지 건설

○ 전　경

(그림 4 - 8) Drigg 중저준위 방폐장시설

○ 셀라필드 원자력 단지 내 홍보전시관과 인접한 원전은 영국 내 최대 핵연료 주시시설 단지로 1956년 가동을 시작, 수명이 끝나 발전을 멈춘 2003년 3월까지 47년간 하루 240MW(메가와트)의 전력을 생산

○ BNFL 측은 원전의 수명이 다된 만큼 체계적인 복구로 원전 시설을 하기 이전의 모습으로 되돌려 놓을 계획, 완전복구까지 150년가량 소요될 예정

○ 셀라필드에서 7km가량 떨어진 고요한 해변가 Drigg마을에는 30만평 규모의 중·저준위방폐장이 자리 잡고 있었음

○ Drigg 방폐장은 셀라필드 원전 등에서 사용한 휴지, 플라스틱 병류, 작업복, 포장상자 등 고체수거물을 압축보관하는 곳으로 1960년대 초부터 매립을 시작해 2060년까지 사용할 계획이라 함

○ 방폐장 마을 언저리에는 100여 가구 규모의 드릭마을을 가기 위해서 3km 전방의 주민 5천여 명 규모의 셀라필드을 지나야 함

○ 방폐장 근무인원은 100여 명으로 대부분 드릭과 셀라필드에 살고 있고, 연구직이나 전문엔지니어는 공채방식으로 선발하지만 단순노무직등 계약직은 모두 지역주민 우선 고용제를 채택하고 있음

○ BNFL은 매년 지역의 자선단체와 병원, 연구소, 지역쇄신 프로젝트 등에 연구비나 시설개선비 등으로 300만 파운드(60억 원 정도)을 지원

○ 지역보건당국, 환경보호단체등과 함께 드릭처분시설연락위원회를 연간 4회 개최하여 방폐장 운영현황, 향후사업계획, 지역현

안 등을 제시하는 공동발전방안을 모색하는 상호 Win-Win 전략 구사

○ 지하수, 인근배수구, 생태계(어패류, 해류, 우유, 지표수, 지하수)를 계속 감시, 최종처분 허가는 농수산부와 환경국에서 수행: 처분물질, 방사능 농도, 배출내용, 측정기록 등 유지하여 결과적으로 주민의 안전은 물론 주변에 환경적, 생태적인 영향은 없었다고 함

○ 처분시설 건설에 대한 반대급부 명목의 지역지원은 없음

○ 원자력시설 입지에 따른 사회간접시설 확충-Drigg 처분장 주변 지역에서는 교량의 보수 및 신축, 수도 및 전기시설의 확충 등에 1.3M£(약 26억 원) 투자 지원하였음

○ 고용효과 증대 및 환경미화 차원에서 처분장 주변에 침엽수 조림사업 실시하였음

○ 지역연락위원회 설치·운영: 지역과의 의사소통을 위하여 BNFL, 지역보건당국, 지역 및 환경보호단체의 대표로 구성되어 정기모임과 특별설명회 등을 개최하였음

○ BNFL의 시설공개주의원칙은 주민들과의 의사소통에 많은 도움을 주었으며, 드릭처분시설을 마을시설의 하나로 받아들이게 했음

다. 시사점

○ 동굴처분 방식인 핀란드의 Olkiluoto 중저준위 방폐장은 지하 암반 100~400m 지점에 원전 폐기물을 적치·관리하고 있었

으며, 민간기업인 Posiva Oy사가 운영·관리하고 있으나, 건설 초기 단계부터 완공 시까지 주민과의 대화, 참여, 정보제공, 시설견학 등을 통하여 방폐장의 안정성에 대한 신뢰 확보로 운영에 별다른 문제가 없었음

○ 천층처분방식인 영국의 Drigg 중저준위 방폐장은 셀라필드 원전 등에서 사용한 플라스틱병류, 작업복, 포장상자 등 고체 수거물을 지상에 압축보관·관리하고 있었으며, 방폐장 울타리 주변에 주택과 초지에 양들이 방목 되고 있는 정겨운 풍경이었음. 특히 운영권자인 BNFL(영국핵연료공사)는 지역보건당국, 환경보호 단체 등과 함께 드릭처분연락위원회를 개최하여 방폐장운영 현황, 향후사업계획 지역현안 등을 제시하여 상호 공동발전방안을 모색하여 드릭처분시설을 마을시설의 하나로 받아들이게 함

제 2 절 한국수력원자력(주)

1. 일반 현황

한국수력원자력은 정부의 전력산업구조개편 계획에 따라 상법상 물적 분할에 의거 한국전력공사로부터 분리되어 현재 한전이 1인 주주로 있는 상법상의 주식회사로서 독점규제및공정거래에관

한 법률 제2조에 따른 한전의 계열회사이다. 한전 및 그 계열회사는 공정거래법이 정한 '상호출자 및 채무보증제한 기업집단'에 해당되므로 한전의 계열회사인 한수원도 이와 동일한 제한을 받는 기업집단에 속한다.

[표 4-2] 기업집단에 소속된 회사

회 사 명	업 종	상장 여부
한국전력공사	송전 및 배전	상 장
한국수력원자력(주)	발 전	비상장
한국남동발전(주)	발 전	비상장
한국서부발전(주)	발 전	비상장
한국중부발전(주)	발 전	비상장
한국남부발전(주)	발 전	비상장
한국동서발전(주)	발 전	비상장
한국전력기술(주)	발전사업기술용역	비상장
한전원자력연료(주)	원전연료설계제조	비상장
한전기공(주)	전력설비 유지, 보수	비상장
한전KDN(주)	정보통신서비스	비상장

세계 에너지산업을 선도하는 한국수력원자력의 경영이념은 친환경에너지로 삶을 풍요롭게 하는 것이고, 비전은 인간·환경·기술을 중시하는 세계 최우수 발전회사가 되는 것이다. 한수원은 국내유일의 원자력발전소와 수력발전소를 보유하고 있으며, 2005년 연간 국내전력생산 364,639GWh(자가발전량 제외 기준)의 40.6%인 148,124GWh를 생산한다. 생산된 전기는 전력거래소를 통하여

전량 한국전력공사에 판매한다. 전력시장운영규칙에 의하여 기저부하를 담당하는 한수원의 정산단가는 평균 약 40원/kWh 수준이며, 다른 발전회사의 정산단가는 평균 50~60원/kWh 수준으로 책정되어 운영되고 있다. 한수원의 경우 발전설비의 대부분(원자력)이 기저부하를 담당하고 있어 현행 가격체계상 다른 화력발전회사에 비해 낮은 단가를 적용받도록 되어 있다. 2005년 1월 1일부터 12월 31일까지 한수원의 전력거래소를 통해 한국전력공사에 판매한 전기영업수익은 5,628,623백만 원이다. 현재 몇몇의 민간발전회사가 존재하지만 시장점유율에서 기존 한국전력의 발전사업부문에서 분리 독립된 발전회사들에 비하여 상대적으로 미미하며, 당사의 발전량과 타사의 발전량을 비교하면 다음과 같다.

[표 4-3] 발전량 비교

(단위: GWh)

구 분	2001	2002	2003	2004	2005
한국수력원자력	113,225 (39.7%)	120,284 (39.3%)	131,131 (40.7%)	132,203 (38.6%)	148,124 (40.6%)
타 회사 발전량	171,999 (60.3%)	186,190 (60.7%)	191,307 (59.3%)	209,948 (61.4%)	216,515 (59.4%)
계	285,224	306,474	322,438	342,151	364,639

주) 한국전력통계 제326호(2005. 12월), 제327호(2006. 01월).

2. 주요 사업

* 전력자원의 개발
* 발전 및 이와 관련되는 사업
* 상기 1, 2호에 관련되는 사업에 관한 연구 및 기술개발
* 상기 1호 내지 3호에 부대되는 사업

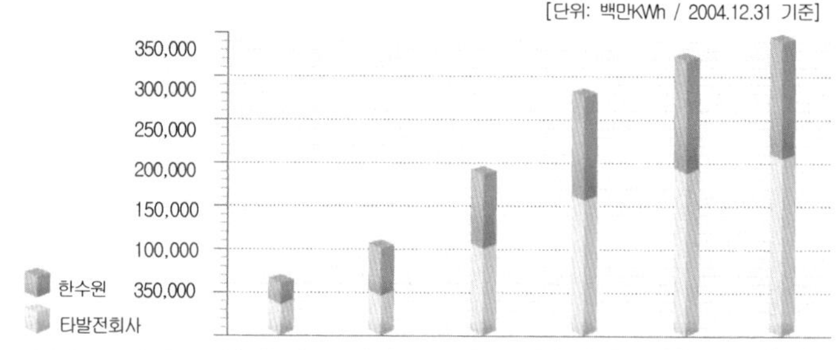

구 분		1985	1990	1995	2001	2003	2005
한 수 원 (주)	원자력	16,745	52,887	67,029	112,133	129,672	130,715
	수력	1,685	2,061	1,245	1,092	1,437	1,488
	계(%)	18,430 (32)	54,948 (51)	68,274 (37)	113,225 (39.7)	131,109 (40.7)	132,203 (38.7)
타발전회사(%)		39,577 (68)	52,722 (49)	116,387 (63)	171,999 (60.3)	191,199 (53.3)	209,756 (61.3)
총계(%)		58,007 (100)	107,670 (100)	184,661 (100)	285,224 (100)	322,344 (100)	341,959 (100)

(그림 4-9) 국내 총 발전량 중 수력·원자력(한수원) 비중

가. 원자력 발전

우리의 원자력발전 수준은 세계에서도 그 기술력을 인정받는 최고의 운영능력을 자랑하고 있다. 우리 실정에 맞는 한국표준형 원전을 개발했을 뿐만 아니라, 운영실적의 대표적 평가지표인 이용률은 최근 94.3%대로 세계 최고이며 안전과 성능 우수성의 지표인 호기당 고장정지 건수 또한 평균 0.5건으로 원전 선진국인 미국, 프랑스보다 훨씬 적은 수치를 기록하고 있다. 70년대 탈석유정책하에 도입한 원자력발전의 비중은 25년 동안 꾸준히 늘어나 현재 우리가 쓰고 있는 전기의 40%를 공급할 정도로 성장했다. 원자력발전은 오늘날 급증하는 전력수요에 맞춰 안정적인 전력공급을 가능하게 하는 주역으로 국가 산업발전의 원동력이 되고 있다. 현재 우리나라에서는 가압경수로 16기와 가압중수로 4기가 운전 중이며, 개선형 한국표준형 원전인 신고리 1, 2호기와 신월성 1, 2호기가 건설 중에 있고 신형경수로 원전인 신고리 3, 4호기가 계획되어 있다.

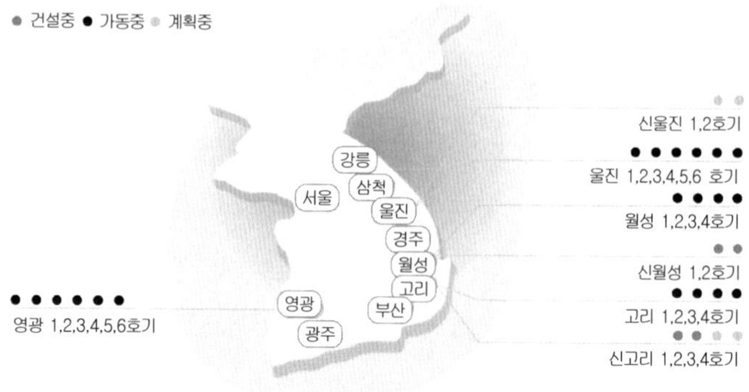

(그림 4-10) 국내 원자력 발전소

원전의 성능이나 운영기술을 말할 때 먼저 고려되는 것이 이용률입니다. 이용률이란 발전소가 일정 기간 동안 최대출력으로 정지 없이 발전했을 때를 100%로 보고, 이에 대한 실제 운전실적을 비교한 것이다. 따라서 이용률이 높다는 것은 원전을 그만큼 고장 없이 우수하게 운영했음을 말한다. 우리나라의 경우 1993년 이후 87% 이상의 이용률을 유지해 세계 평균보다 무려 14% 정도 높은 것으로 나타났으며, 이 차이는 100만kW급 원전 1기가 1년간 생산하는 발전량에 해당하는 것으로 이용률이 높음으로 인해 원전 1기를 무상으로 운전하는 효과를 보고 있는 셈이다. 안전성의 척도가 되는 고장정지도 1994년 이후 호기당 1건 정도를 유지하고 있으며, 2002년도에는 0.4건을 기록해 원자력 선진국에 해당하는 미국(1.3건), 캐나다(1.3건), 프랑스(3.0건)와 비교할 때 상당히 우수한 실적을 보이고 있다. 지난 2002년에는 영광 1호기를 비롯하여 7기가 한주기 무고장 안전운전을 달성하는 기록을 세웠으며, 이로써 1988년 고리 3호기 최초 달성 이래 총 36회의 '한주기무고장 운전' 기록을 갖고 있다. 한국표준형 원전은 원전 기술 자립을 위해 자체 기술로 개발한 100만kW급의 가압경수로형 원전으로 기존 원전보다 안전성과 경제성을 한 단계 높인 원전을 말한다. 표준형 원전의 우수성은 안전성과 경제성에 있습니다. 안전성 면에서는 최신 기술 기준을 적용하여 안전성이 우수하다는 미국의 원전에 비해 고장 및 사고 위험을 크게 줄였다. 인간공학 개념을 도입하여 운전원의 작은 실수에 의한 사고율도 극소화시킨 결과 타 원전에 비해 안전성이 훨씬 향상된 것으로 나타났다. 경제성 면에서도 기술 자립과 반복 건설에 의하여 건설비와 건설기간이 선진국 수준으로 유리한 경제성을 확보하고 있으며 현재 한국표준형원전으로 울진 3, 4, 5, 6호기, 영광 5, 6호기가 가동 중에 있다.

회기	위치	용량(만KW)	원자로형	상업운전일
고리#1	부산시 기장군	58.7	가압경수로	'78.04.29
고리#2		65.0		'83.07.25
고리#3		95.0		'85.09.30
고리#4		95.0		'86.04.29
신고리#1	울산시 울주군	100.0	가압경수로	('10.12)
신고리#2		100.0	가압경수로	('11.12)
신고리#3		140.0	신형경수로	('12.06.30)
신고리#4		140.0	신형경수로	('13.06.30)
월성#1	경북 경주시	67.9	가압중수로	'83.04.22
월성#2		70.0		'97.07.01
월성#3		70.0		'98.07.01
월성#4		70.0		'99.10.01
신월성#1		100.0	가압경수로	('11.10.31)
신월성#2		100.0		('12.10.31)
영광#1	전남 영광군	95.0	가압경수로	'86.08.25
영광#2		95.0		'87.06.10
영광#3		100.0		'95.03.31
영광#4		100.0		'96.01.01
영광#5		100.0		'02.05.21
영광#6		100.0		'02.12.24
울진#1	경북 울진군	95.0	가압경수로	'88.09.10
울진#2		95.0		'89.09.30
울진#3		100.0		'98.08.11
울진#4		100.0		'99.12.31
울진#5		100.0		'04.07.29
울진#6		100.0		'05.04.22
신울진#1	경북 울진국	140.0	신형경수로	('14.06)
신울진#2		140.0		('15.06)

★주: (   )내는 상업운전 예정일

(그림 4-11) 국내 원자력 발전소 현황

나. 수력발전

수력발전이란 하천 또는 호소(湖沼) 등에서 물이 갖는 위치에너지를 수차를 이용하여 기계에너지로 변환하고 이것을 다시 전기에너지로 변환하는 발전방식이다. 즉 물이 떨어지는 힘으로 수차를 돌리면 수차의 축에 붙어 있는 발전기가 돌아가게 되어 전기가 발생하는 것이다. 이때의 발전기 출력은 낙차와 수량과의 곱에 비례하므로 수량은 지점별로 다르지만 그 양이 연간 강수량에 비례하므로, 수차에 큰 낙차가 작용할 수 있도록 인공적으로 댐을 막기도 하고 수로를 바꾸기도 한다.

수력발전은 국내 부존자원인 물을 이용하여 전력을 생산하므로 무공해 청정에너지이며 발전연료 수입 대체효과, 양질의 전력공급에 기여하고 있다. 기동과 정지, 출력조정 시간이 원자력이나 화력 등 기타 전력설비에 비해 빨라 부하변동에 대한 속응성이 우수하므로 첨두부하를 담당하여 양질의 전력공급에 기여하고 있다. 외부의 전원 없이 자체 기동이 가능하며 짧은 시간 내에 전출력까지 송전할 수 있으므로 전 지역 광역정전 또는 일부 지역 정전 시 인접한 계통으로부터 수전이 불가능하거나 수전에 30분 이상 소요될 때에는 정전된 지역 내의 자체 기동 발전소를 가동하여 전력계통에 전력을 공급한다. 이렇게 수력발전은 계통 속응성을 활용하여 원자력 및 석탄화력의 대용량기가 불시에 고장으로 계통탈락하는 등 계통사고 시에 대비한 상시대기 예비력으로 운용되어 전력계통 공급신뢰도 향상에 기여하고 있다.

구분	화천	춘천	의암	청평	팔당	섬진강	괴산	보성강	안흥	강릉	합계
설비용량 (kwe)	108,000	57,600	45,000	79,600	120,000	34,800	2,600	4,500	500	82,000	534,600
운전기수	4	2	2	3	4	3	2	2	3	2	27
발전방식	댐수로식	댐식	댐식	댐식	댐식	유역변경식	댐식	유역변경식	댐수로식	유역변경식	-
준공년도	1944	1965	1967	1943	1973	1945	1957	1937	1978	1991	-

(그림 4-12) 수력발전현황

다. 신·재생에너지

신·재생에너지란 석유, 석탄, 천연가스, 원자력 등을 대체할 수 있는 에너지원으로서 미래에 주력 에너지원이 될 수 있는 새로운 에너지이다. 현재는 경제성이 없고, 소규모이나 앞으로 많은 투자와 기술개발을 통해 실용성 있는 에너지로 개발이 필요하다. 신·재생에너지 분야에는 재생에너지 분야로 태양열, 태양광발전, 바이오매스, 풍력, 소수력, 지열, 해양에너지, 폐기물에너지가 있고, 신에너지 분야로는 연료전지, 석탄액화가스화, 수소에너지가 있다.

3. 경제적 파급효과

근무 인원이 900여 명인 한수원 본사 건물을 새로 짓는데 1200억 원의 공사비가 투입되는데다 이전에 따른 지방세 수입도 연간 42억 원에 이를 것으로 추산되고 있다. 게다가 한수원은 지난해 매출이 약 5조 5,000억 원으로 협력업체가 2만여 개에 이르는 점을 감안하면 지역 경제에 커다란 활력소가 될 전망이다.

한수원 본사 이전에 따른 직원들의 연간 소비비용 100억 원을 비롯하여 주민세(법인세할) 35억 원, 주민세(소득세할) 5억 원, 사업소세(종업원할) 2억 원, 종합토지세 및 재산세 등 약 연간 42억 원이 지방재정수익으로 들어오게 된다.

○ 사옥규모
 - 연 면 적: 약 9,000평(대지 20,000평)
 - 소요예산: 약 330억 원
○ 사택 및 부대설비(홍보관, 후생시설 등)
 - 연 면 적: 약 21,000평(대지 110,000평)
 - 소요예산: 약 870억 원
 ※ 용지비는 지역에 따라 상이한 관계로 제외함

주민세(법인세할): 약 35억 원

주민세(소득세할): 약 5억 원

사업소세(종업원할): 약 2억 원

종합토지세 및 재산세: 지역별 지가 및 건물시가표준액에 의해 영향(추후산정)

건설기간 및 운영 중 지역주민 우선고용

 - 건설시공 계약 시 지역건설업체 활용 및 현지주민 고용토록 반영

 - 한수원(주)직원 채용 시 주변 지역주민의 가산점 부여로 채용 기회 확대

※ '03년 울진 5,6호기 건설시 울진 지역 출신 인력채용은 건설 투입인력의 44%

특별지원금(약 3천억 원 예상)을 지자체에 사업초기 단계 집중 지원

수거물 반입수수료 중 일부(연 50~100억 원 예상)를 시설운영 기간 중 지원

원자력발전사업자 본사를 유치 지역 내로 이전(실시계획 승인 후 3년 내)

국무총리를 위원장으로 하는 유치 지역지원위원회 설치

지자체장과 협의하여 지원계획 수립 · 시행

국 · 공유재산의 대부 등 조건완화, 국고보조금의 인상, 지역의무 공동입찰제 인정, 지역주민의 우선 고용 등 근거마련

특별지원금 및 수수료 귀속금액을 재원으로 조성

지자체장이 관리 · 운용하며 필요사항은 조례로 규정

(지원사업의 투명성 · 독립성 · 자율성 확보)

한국수력원자력 본사 이전

　－인구유입: 약 900명

　－지방세 수입: 42억 원

양성자가속기 사업(양성자에서 발생하는 에너지를 최첨단 과학분야에 응용)

　－가동 시 연평균 7,600억 원 수입대체효과 약 3,600억 원 수출효과 등 연간 1조 원 이상 경제효과

　－인구유입 2만 명

　－고용창출 4,200명

제3절 두산중공업

1. 일반 현황

1962년 설립된 두산중공업은 산업의 기초 소재인 주단조에서부터 원자력, 수화력 등의 발전설비, 해수 담수화 플랜트, 환경설비, 운반하역설비 등을 제작해 국내외 글랜트 시장에 공급함으로써 국가경제발전의 견인차 역할을 담당해 오고 있다. 인도 시파트, 미국 테네시, 사우디아라비아 슈아이바, 카타르 라스라판, 중국 친산 등 지금 이 시각 두산중공업의 플랜트 기술이 펼쳐지고 있는 곳으로 인류의 행복과 밝은 내일을 만들어가고 있다.

원자력, 화력, 복합화력, 수력 등 지금까지 총 300여 기의 발전소를 건설했으며, 지금 이 시간에도 국내는 물론, 미국, 인도, 중국 등 세계 각지에서 60여 기의 발전소를 건설하고 있다. 두산중공업은 지속적인 투자와 기술개발로 EPC 계약자로 발돋움하고 있으며, 또한 풍력발전, 연료전지 등 친환경적인 차세대 에너지원 개발에도 박차를 가하고 있다. 바닷물을 담수로 만드는 담수 플랜트(MSF) 분야에서는 최고의 경쟁력으로 세계 시장의 40% 이상을 확보하고 있다. 하루 담수생산량 88만 톤으로 세계 최대 규모를 자랑하는 사우디아라비아 쇼아이바 3단계, MSF와 RO 방식을 세계 최초로 결합시킨 아랍에미리트 후자이라 등에 두산중공업의 기술이 새겨져 있다. 특히 MSF 방식 이외에 MED, RO 방식의 원천기술을 확보, 담수 플랜트 3대 기술을 모두 보유함으로써 그 영역을 넓혀 나가고 있다. 발전, 담수 이외에도 플랜트 산업의 기초 소재인 주단조 사업을 영위하고 있으며, 도로, 항만, 공항, 전철 등 각종 SOC 사업과 플랜트 건설 분야에서도 세계 최고의 경쟁력을 확보하고 있다. 앞으로도 지속적인 체질개선과, 영업역량 강화, 독자기술 확보, 신규 성장엔진 발굴 등을 통해 'No.1 Global Company'로 거듭날 것이다. 발전설비와 담수플랜트, 산업설비, 전기계장, 주단조, 운반설비, 건설업 등을 주요 사업으로 하는 한국의 대표적인 중공업 회사이다. 1962년 현대양행으로 출발해 1980년 공기업화되어 한국중공업으로 바뀌었고 1982년 138만 평 규모의 창원종합기계공장을 준공하였다.

그러다 다시 2000년 민영화되어 2001년 3월, 현재의 상호로 변경하였다. 2005년 1월에는 대우종합기계(주)를 인수하였다. 1981년 ASME 'N' 및 'NPT' 스탬프를 취득한 이후 1993년까지 국제표준화기구의 ISO 9001을 취득하였고, 계속해서 1995년 건설 분야 ISO 9001 인증서를, 1997년 ISO 14001 환경경영시스템 인증서를 취득했다. 사업 분야는 크게 발전, 담수플랜트 및 산업설비, 전기계장, 서비스, 건설, 주단 등 7개 분야로 나뉜다. 먼저 두산중공업은 한국의 대표적인 발전설비 전문업체로, 경제 발전의 원동력인 발전설비를 기초소재부터 완제품에 이르기까지 일괄 생산, 공급해 1970년대 중반부터 약 30여 년간 15기의 원자력발전소, 93기의 수력 및 화력발전소의 발전설비를 공급하였다. 특히, 30여 년의 짧은 원전 역사에도 불구하고 지난 2002년에는 미국의

Sequoyah 1호기 교체용 증기발생기를 공급하여 세계최고의 원전 기술 보유국인 미국에 수출하는 쾌거를 이루었다. 이후에도 미국으로부터 교체용 증기발생기(Replacement Steam Generator), 교체용 원자로 헤드(Replacement Rector Vessel Head), 제어봉구동장치(Control Element Drive Mechanism)를 미국 원전에 납품하는 계약을 체결하는 등 세계적 원전 주기기 제작능력을 보유한 국내 유일의 원자력 발전설비 제작 전문업체로 발돋움했다. 담수플랜트 분야에 있어서는 70년대 말 담수플랜트 시장에 진출한 후 꾸준한 기술 개발과 설계 자립 노력으로 독자 기술을 보유하게 되면서 1993년 사우디 Shoaibah Project를 EPC Turn-key로 수주해 성공적으로 공급했다.

이후 Taweelah, Az-Zour, Umm Al Nar 및 Fujairah Project를 건설했으며, '03년부터 '05년 동안의 세계 MSF 담수플랜트 시장에서 40%의 시장점유율을 차지해 세계 최고의 회사로서 시장을 주도하고 있다.

[표 4-4] 기업집단에 소속된 회사

업 종	구 분	회 사 명
정보, 문화	상 장	(주)오리콤
	비상장	(주)두산베어스
식음료	상 장	(주)두산
	비상장	SRS Korea(주)
비금속광물, 조립금속	상 장	삼화왕관(주)

업 종	구 분	회 사 명
기계장비	상 장	두산중공업(주), 두산인프라코어(주)
	비상장	두산엔진(주), 두산메카텍(주), 두산디앤디(주)
건 설	상 장	두산산업개발(주)
	비상장	새재개발(주)
금 융	비상장	(주)네오플럭스, (주)엔셰이퍼
기타 서비스	비상장	두산모터스(주), 네오트랜스(주)

2. 사업 분야

1980년대 후반 이후 세계 발전설비 시장은 단순 PACKAGE별 수요에서 고도의 기술과 자본 조달 능력, 투자개발 등 복합적 능력을 요구하는 IPP 사업이 대두되고 있다. 특히 막대한 개발 잠재력을 가진 중국, 인도 등의 개발도상국 정부들이 IPP사업 방식을 선호하고 있어 개별기업이 독자적으로 이들 시장에 효과적으로 대응하기 어려워 GLOBAL 기업과 현지 기업 간 합작투자는 물론 전략적 제휴 등이 활발히 진행되고 있다. 일반 기업체의 단품 발주 물량보다는 국내 및 해외 공공사업부문의 플랜트공사 발주물량이 향후 기대된다.

주단조품의 국내시장은 일부 INI STEEL(주조) 및 현대중공업 엔진사업(단조)과 경쟁하고 있으며 수요물량이 한정되어 있어 해외 수출에 주력하고 있으며 최근에는 특히 중국 지역 수출을 활성화하고 있다.

　토목, 건축 등 건설공사업은 공공부문의 경우 예산의 집행이 대부분을 차지하기 때문에 발주시기, 발주물량 등이 국가의 물가, 경제성장정책 등에 민감하게 반응하므로 실물경제의 회복 정도에 따라 그 시장의 규모와 특징이 결정된다고 볼 수 있다. 당사는 공공공사 및 SOC 민자사업에 적극적으로 참여하고 양질의 시공 및 사후관리를 위해 우수협력업체 및 건설전문인력의 육성에 주력하고 있다.

제4절 양성자가속기

　양성자가속기는 원자를 구성하는 핵자 중에서 양성자만을 분리하여 가속시킬 수 있는 기계장치를 의미한다. 양성자가속기를 통해 가속된 양성자는 표적 물질에 충돌하였을 때, 그 가속된 속도에 따라 스퍼터링(sputtering), 주입(implantation) 등 다양한 반응을 한다. 이를 이용하여 방사성 동위원소(Radio Isotope, RI)생산, 21세기 미래 산업인 정보기술(IT), 생명공학(BT), 나노기술(NT), 환경기술(ET), 우주기술(ST), 의료 분야 등과 같은 산업적 활용에서부터 물리학, 의학, 생물학 우주과학 등과 같은 학술적 이용에 이르기까지 폭넓게 이용될 수 있다.

　이러한 양성자가속기의 필요성에 입각하여 우리나라에서는 과기부 주관 21세기프론티어연구개발사업[9]의 일환으로 양성자기반공학기술개발사업을 선정하여 2003년부터 2012년까지 100 MeV 20mA급 규모의 선형 양성자가속기 제작 및 관련 부대시설 건설을 추진하고 있다. 사업추진기관은 한국원자력연구소 양성자기반 공학기술개발사업단이며, 사업의 목표는 양성자가속기시설 및 관

---

9) 2002년 9월 17개의 세부과제를 시작으로 2006년 12월 현재 22개 세부과제로 구성되어 있으며, 22개 세부과제는 다음과 같다.
지능형마이크로시스템사업단(http://www.microsystem.re.kr),
인간유전체기능연구사업단(http://21cgenome.kribb.re.kr),
테라급나노소자개발사업단(http://www.nanotech.re.kr),
자원재활용기술개발사업단(http://www.recycle.re.kr),
자생식물이용기술개발사업단(http://www.pdrc.re.kr),
작물유전체기능연구사업단(http://cfgc.snu.ac.kr),
차세대소재성형기술개발사업단(http://www.camp.re.kr),
차세대초전도응용기술개발사업단(http://www.cast.re.kr),
수자원의지속적확보기술개발사업단(http://www.water21.re.kr),
생체기능조절물질개발사업단(http://cbm.krict.re.kr),
미생물유전체활용기술개발사업단(http://www.microbe.re.kr),
세포응용연구사업단(http://www.stem.or.kr),
프로테오믹스이용기술개발사업단(http://www.proteome.re.kr),
이산화탄소저감및처리기술개발사업단(http://www.cdrs.re.kr),
나노메카트로닉스개발사업단(http://www.nanomecca.re.kr),
나노소재기술개발사업단(http://cnmt.kist.re.kr),
차세대정보디스플레이기술개발사업단(http://www.display.re.kr),
양성자기반공학기술개발사업단(http://www.komac.re.kr),
스마트무인기기술개발사업단(http://www.sudc.re.kr),
뇌기능활용및뇌질환치료기술개발연구사업단
(http://www.brainfrontier.or.kr),
고효율수소에너지 제조저장이용기술개발사업단(http://www.h2.re.kr),
인간기능생활지원지능로봇기술개발사업단
(http://www.irobotics.re.kr),
과학기술부(http://www.most.go.kr), 2006. 12.

련 이용시설을 구축하여 21세기 미래원천기술을 개발하여 국가 및 사업유치 지역의 산업경쟁력을 제고하고 과학기술 분야의 발전을 위한 국가기반시설로서 운영하는 것이다. 양성자가속기의 이용 분야를 그림으로 나타내면 (그림 4-13)과 같다.

양성자가속기사업의 부지는 방폐장과 연계됨으로 인해 방폐장을 유치한 경주로 확정되었다.[10] 양성자가속기사업의 총사업비는 가속기장치개발 부분과 연구시설지원 부분으로 구성되어 있다. 가속기장치개발에 따른 사업비는 2012년까지 100MeV 20mA 기술개발 목표로 1,286억 원이 국비로 지원된다. 사업부지 및 연구지원시설은 사업유치 지역인 경주시가 부담하며 약 1,604억 원이 소요될 것으로 추정하고 있다. 지방재정자립도가 26%인 경주시[11]에서 1,604억 원이라는 막대한 예산이 투입되는 만큼 경주시민들은 양성자가속기사업에 대해 매우 큰 기대를 걸고 있으며, 그동안 개발에서 소외되었던 경주시가 첨단과학도시로 탈바꿈할 수 있는 절호의 기회로 생각하고 있다.

---

10) 2003년 3월 양성자가속기사업을 유치하고자 공모에 응했던 지역은 대구, 영광, 익산, 철원, 춘천이다.
11) 경주시의 2006년 예산은 약 5,000억 원이다.

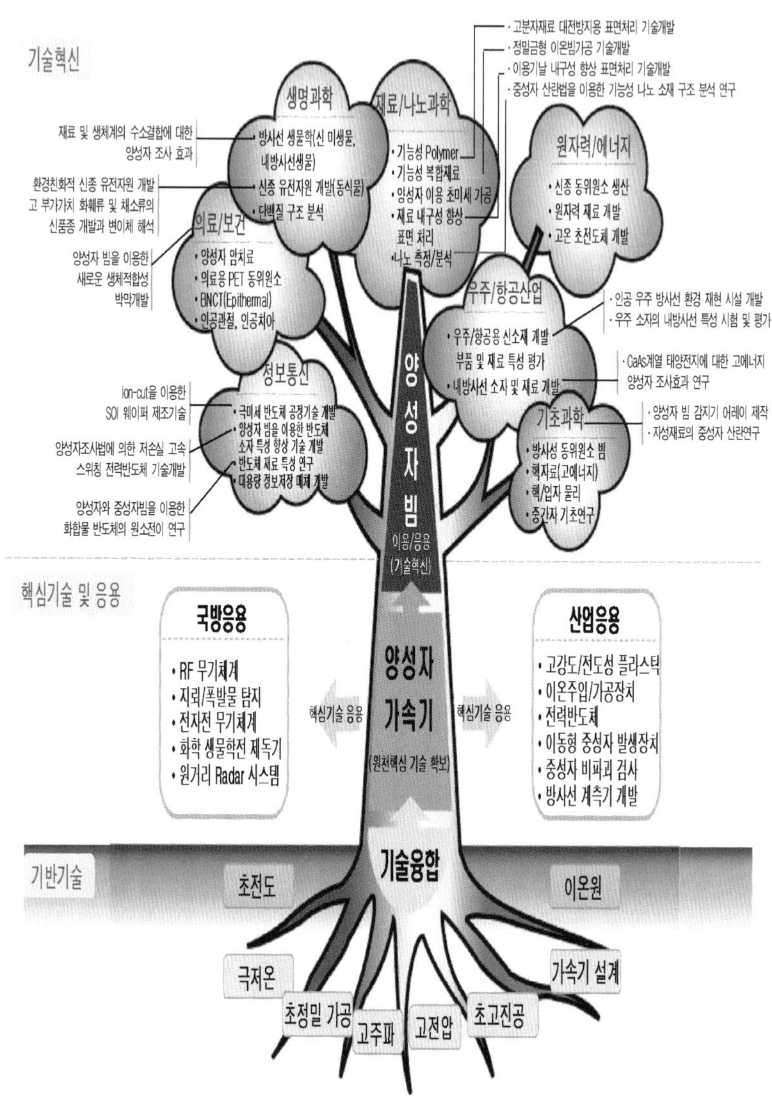

자료: 양성자기반공학기술개발사업단, 2006.

(그림 4 - 13) 양성자가속기 기술수목도

양성자가속기 기술의 파급효과는 서두에서도 언급했듯이 모든 산업 분야에 응용되는 기초원천기술이다. 양성자가속기사업의 기술개발의 진행상황에 따라 관련기업들에게 기술 이전이 되면서 많은 기업들이 경주에 유치될 것이다. 이때 경주에 위치하게 되는 기업들이 안정적으로 사업을 하기 위해서는 원활한 사업비를 조달할 수 있는 금융인프라이다. 이에 본고에서는 경주에 위치하게 되는 다양한 기업들이 안정적으로 사업을 할 수 있도록 하기 위한 지역혁신체계와 금융인프라에 대해 다루었다.

1. 일반 현황

Braczyk, et al(1998), 최봉수·이현길(2001) 등은 지역혁신체계를 "지역의 생산과정이나 새로운 지식과 기술을 창출, 도입, 수정, 확산하는 과정에 관련되는 지역 내에 존재하는 다양한 요소들 간의 약동적 상호작용(dynamic interaction)과 관계(relationship)들로 이루어진 제도적 네트워크(institutional network)"라고 하였다. 또한 Oughthon, et al(2002)은 "지역 발전을 도모하기 위한 목적으로 일정한 지역에서 지식을 창출, 확산, 활용하는 과정"이라고 하였다.

경주는 양성자가속기시설의 지역 내 유치에 따라 첨단과학기술인 양성자가속기 관련 지식과 기술의 창출, 확산, 활용이 경주의 생존을 가늠한다고 인지하고 있으며, 지역혁신클러스터 조성을 통해 경주시를 첨단과학도시로 도약시키고자 하고 있다. 경주의 다양한 혁신 주체들 사이의 긴밀한 협력 네트워크가 구축되어야만 '혁신을 통한 첨단과학도시건설'이 가능하다. 이에 따라 지역 내의 기업, 대학, 연구기관, 지방정부 등 다양한 혁신 주체들 간의 협력 네트워크를 강화함으로써 양성자가속기사업을 추진하여야 할 것이다. 이를 위해서 지역 내의 특성에 맞는 클러스터를 조성하고 혁신의 모범사례를 상호학습하며 이를 통해 지역 내에 혁신분위기를 고취시켜야만 할 것이다.

현재 경주는 울산의 대기업에 의존하는 수많은 하청기업들이 연계된 대기업선단의 경쟁력을 영유하여 왔다. 그러나 혁신클러스터 간 경쟁이 선단식 경쟁을 대체하면서 이러한 성장모델을 더 이상 작동하기 어려워지게 되었다. 현재 경주의 기업들이 갖고 있는 치명적인 약점은 두뇌기능이 부재하다는 사실이다. 단순히 기업들을 집적시킨다고 하여 그것이 새로운 기술혁신과 호혜적 이득을 가져다주는 것은 아니다.

경주에 유치되는 양성자가속기는 최첨단 과학기술로서 경주에 부재한 기업의 두뇌기능을 담당함으로써 경주시가 첨단과학도시로 도약할 수 있도록 할 것이다. 양성자가속기 유치를 매개로 경주시가 첨단과학도시로 가기 위해서는 다음과 같은 조치를 취해야 한다.

첫째, 지리적 위치, 제도, 정책조치 등 특정 주체가 갖는 유리한 점과 불리한 점에 대한 철저한 인식이 있어야 한다는 것이다. 이에 따라 경주의 혁신을 시작하기 위해서 정책결정자들은 경주의 특성에 대해 철저히 분석하는 일이 무엇보다 중요하다. '남이 하니까 무조건 우리도 해야 한다'는 방식으로는 아무런 혁신이 일어날 수 없다. 적어도 경주 혁신 주체의 강점과 약점, 기회와 위협 등 SWOT 분석을 통해 사업을 기획해 나가야만 경주의 혁신을 위한 출발을 할 수 있다.

둘째, 비록 소수일지라도 반드시 혁신가들이 있는 부문에 투자해야 한다는 것이다. 경주의 혁신은 선기술 개발 또는 번창하는 시장 등과 관련하여 최초의 활동을 시작하는 소수의 사람들에 의해 촉발될 것이다. 따라서 이들이 무엇인가 최초의 첫걸음을 내디딘 상태에서 투자가 이루어져야만 효과가 극대화될 수 있다. '꾼'들이 존재하지 않는 경우 아무리 많은 투자를 해도 결국 거품으로 끝날 수밖에 없다는 것은 우리나라의 '벤처 붐'을 비롯한 수많은 사례가 잘 입증하고 있다. 결국 경주의 혁신을 불러일으킬 수 있는 혁신활동을 하는 사람들이 존재하지 않는다면 경주의 혁신은 일어날 수 없다. 이러한 최초의 혁신가들은 정책결정자들의 단기적 정책조치에 의해 단기간에 육성될 수 있는 것도 아니다. 다만 다양한 정책조치들을 통해 최초의 혁신가들이 혁신활동을 착수하는 데 동기부여를 할 수는 있다. 따라서 중요한 것은 정책결정자들이 경주에서 혁신가들이 혁신활동에 착수할 수 있도록 유리한 환경을 조성해 주어야 한다는 사실이다.

셋째, 최초의 혁신활동이 개시되면 혁신네트워크를 통한 상호 협력과 조율, 지식 이전 등 경주의 '자기증폭과정'이 진행되어야 한다. 아무리 조그만 것일지라도 혁신가들에 의해 혁신의 '최초의 싹'이 창출되면 인적자본의 축적, 파급효과, 시너지효과, 분리신설 등 다양한 경주의 메커니즘을 활용하여 이를 경주 전 지역에 확산함으로써 혁신의 효과를 증폭시켜 나가야 한다. 여기서 무엇보다 중요한 것은, 경주의 혁신에 있어 전체 과정상의 타이밍은 시장의 변화 또는 기술변화 등에 의해 결정된다는 사실이다. 즉 시장수요가 감소하는 산업에서는 혁신클러스터의 출현이 성공적으로 이루어질 수 없는 것이다. 또한 기술혁신과 관련한 최초의 진전이 이루어지지 않은 주체에서 혁신의 자기증폭을 위한 여러 가지 지원을 하는 것은 낭비를 초래할 뿐이다. 따라서 이러한 과정에서 정책결정자들은 다양한 시기, 다양한 단계에 걸쳐 다양한 정책조치들을 적용해야 하며 일률적 처방은 있을 수 없다.

경주의 혁신을 출발하는 데서 다음으로 중요한 것은 모든 주체가 갖는 강점이나 출발점이 상이하다는 사실이다. 이는 각 주체의 문화적 요소가 다르기 때문이다. 문화는 주체들이 상호작용을 통해 파생시킨 고유한 산물이다. 따라서 정책처방은 이러한 다양성에 대응하지 않으면 안 된다. 혁신 과정에서 대학, 기업, 지자체 등 혁신 주체들이 중요한 이유는 바로 여기에 있다.

경주시가 첨단과학도시로 도약하기 위해서는 먼저 국가수준에서 양성자가속기 관련 연구개발사업과 혁신관련 사업을 통합적으로 관리해 나가야 한다. 재정자립도가 낮은 경주시에서 국가의 성장동력사업인 양성자가속기 사업을 주관하여 이끌고 나가기에는 역부족이다. 이에 중앙정부에서 주도적 역할을 하고 경주시는 이를 통해 첨단과학도시로 거듭나는 데 주력해야 할 것이다. 즉 중앙정부는 경주에서의 양성자가속기 사업을 조정하고 평가하는 역할을 수행해야 할 것이다.

　다음으로, 경주시에서는 산·학·연·관이 참여하는 지역혁신 체계를 구성하여 지방자치단체, 대학, 기업, 연구기관 등 다양한 혁신 주체들이 공동학습과 혁신창출을 통해 긴밀하게 협력해 나갈 수 있도록 해야 한다. 선진 각국의 경험을 통해서 알 수 있듯이, 대학과 인접한 지역의 첨단산업단지를 기반으로 하는 기업 간의 네트워크, 기업과 기업 간의 네트워크뿐만 아니라, 더 나아가 정부와 지역주민까지 연계한 네트워크의 형성이 지역혁신에서 핵심적 성공요인이기 때문이다.

2. 양성자가속기 관련 기술파급

가. 첨단과학기술과 산업계

　전자공학에서 생명공학까지 폭넓은 분야로 급격한 성장을 이루어 오고 있는 미국의 실리콘단지는 기업, 대학, 기업가 지원기관, 법률전문가, Angel Network 등으로부터 구성되는 이른바 산업 클러스터이다. Stanford 대학을 중심으로 새로운 기술이 창출되어 지원시설에 있어서 각종 지원을 받으면서 상품화가 이루어지며, 전문가의 지원을 받으면서 세계시장을 석권하고 있다. 이 과정을 반복함으로써 대학과 기업, 투자가, 전문가 다 같이 기술이 향상되고 그 지역 자체가 세계적인 수준의 산업에 속하는 사업의 생성·육성에 적합한 상태가 되고 있다.

　우리나라도 세계화의 진전과 저비용화의 요청으로부터 제작능력이 해외로 유출되고 있으며 각 지역이 이에 대항하기 위하여 실리콘 단지에서 볼 수 있는 것처럼 국제경쟁력을 가진 산업창출이 필요하다는 인식을 하고 있다. 여기서 지역에 어떤 지적 인프라를 결집해서 세계에 통용하는 산업을 창출하는 장으로서 산업 크러스트와 지적 크러스트가 주목되며 정부의 지역과학기술 진흥 정책으로서 채택되고 있다.

　우리나라의 전반적인 고비용 구조, 아시아 각국 시장 확대, 현지생산 환경의 충실 등에 의한 세계화의 진전에 동반하여 산업의 공동화를 부르짖는 한편 제품수명의 단축화 등으로 인해 우리나라의 제조업을 둘러싼 환경은 어렵다. 또한 최근 급속한 기술혁신에 대해 산업계는 종래의 개별기업 차원에서 더 이상 대응할 수 없게 되었다. 산업계는 '선택과 집중'으로부터 경쟁력이 있는 자사의 중심사업에 경영자원을 집중시킨 후에 그 이외의 부분에 대해서는 외부와의 제휴와 경제자립정책 도입, 외부의 대형연구시설 등을 유효하게 이용하면서 전체로서 기술 강화를 도모하는 고수익의 현실을 도모하는 방향으로 움직이고 있다. 이러한 점에서 본다면 양성자가속기사업은 산업계에 있어서 연구개발의 제휴와 경제자립정책의 측면에서 매력이 있다. 양성자가속기시설을 개별 기업 차원에서 소유하라는 것은 명확하게 낭비적 투자가 되기 때문이다. 따라서 양성자가속기사업에 있어서 관련시설의 유효이용에 대해서 어떻게 절차를 밟을까가 검토되어야 할 중요한 상황이 된다.

국가가 최첨단 과학에 요구하고 있는 사회 환원 표현의 하나가 연구 성과의 산업계로의 기술 이전이다. 그러나 아직 개발단계에 있는 현재로서는 양성자가속기 관련 기술의 산업이용 및 기술 이전에 관해서 명확한 해법이 확립되어 있지는 않다. 그렇지만 지역사회에로의 환원이라는 본 구상의 중요한 주제를 생각하면 산업이용과 기술 이전의 과제에 대해 깊이 있는 검토를 통해 발전시켜야 할 것이다.

일반적으로 기술 이전의 촉진방책으로서는 ① 기술지원과 컨소시엄의 조직화를 포함한 연구지원 체계의 구축, ② 산업이용체제를 조정(調整)하는 협의회의 설치를 포함한 중심연구기관과 산업계, 자치단체에 의한 이용촉진조직의 정비, ③ 지역대학과 기업과의 제휴와 대학원대학의 설치 등에 의한 인재육성에 대해서 고려하는 것이 중요하다. 더욱이 양성자가속기 시설과 같은 극히 최첨단적인 연구시설로서는 일방적인 기술·노하우의 흐름뿐만 아니라 쌍방향적인 기술의 흐름도 요구되고 있다.

양성자가속기의 성공적인 산업이용은 경주시가 첨단과학도시로 도약할 수 있도록 하는 데 매우 중요한 역할을 한다. 일본의 사이언스 프론티어 21(2003)의 보고서에 의하면 200개 기업을 대상으로 조사한 결과 '현재 양성자를 이용한 연구개발을 실행하고 있다'에 응답한 기업은 약 20개, '향후 반드시 이용하고 싶다' 또는 '조건에 의해서 이용하고 싶다'라고 양성자 이용에 관한 흥미를 나타내고 있는 기업은 52개사로 나타났다. 이러한 결과는 양성자 이용에 대해 산업계의 관심이 높다는 것을 의미한다. 이러한 산업계의 반응은 향후 양성자가속기의 획기적인 성능에 대한 보급·홍보활동이 강화된다면 더욱더 증가할 것이다.

양성자가속기 관련 산업계 이용 체계 구축 시 고려되어야 할 요소로는 다음과 같은 것이 있다. ① 산업용 항구의 확보, ② 분석센터와 기술상담 창구의 설치, ③ 산업계와의 창구의 설치, ④ 적정한 이용요금, ⑤ 이용시간에 대한 유연한 대응, ⑥ 지적소유권에 대한 배려, ⑦ 계몽활동 등의 요망이 열거되고 있다. 이들의 시설이용에 대한 요망을 근거로 해서 산업이용 체계를 구축할 필요가 있다.

나. 양성자가속기 관련 기술파급

양성자가속기에 대한 21세기 미래첨단기술개발 기반시설로서의 중요성으로 인해 우리나라뿐만 아니라 현재 미국, 일본, 유럽 등에서도 양성자가속기를 건설 중이거나 이미 완공하여 운영 중에 있다. 미국은 ORLN(Oak Ridge National Laboratory)을 주축으로 6개 국립연구소가 공동으로 참여하는 SNS(Spallation Neutron Source)를 운영 중에 있으며, 유럽에서는 스위스 PSI(Paul Sherrer Institut)가 건설하고 있는 SINQ, 영국 RAL(Rutherford Appleton Laboratory)이 건설 중인 ISIS 등이 있다. 각국의 사양은 각기 활용용도에 따라 상이하다. 경주에 위치하게 되는 100 MeV, 20mA급 규모의 선형 양성자가속기는 양성자 10경개(1017개)를 초속

13만 km 속도로 동시에 가속시킬 수 있는 성능이다.[12] 20mA 이상의 빔을 가속시킬 수 있는 대전류 양성자가속기는 미국 및 일본에 이어 한국이 세계 3번째이다.[13]

양성자기반공학기술개발사업단에서는 향후 보다 다양한 분야에서의 양성자가속기의 이용과 지역혁신클러스터로서의 역할을 충족시키기 위하여 1GeV급으로의 확장을 계획하고 있다. 100MeV급의 가속기를 1GeV급 규모로 확장하게 되면 좀 더 다양한 분야에 활용할 수 있는 이점이 있다. 아래 그림에서 볼 수 있듯이 20MeV급 가속기는 기능성 신소재, 나노가공, 신종유전자원, 전력반도체, 방사선 우주 환경 실험, RF기술의 국방응용 분야에서 기술혁신에 이용될 수 있으며, 향후 1GeV급으로 가속기를 확장하면 양성자 암치료 기초연구, Post Genome연구, 신종 RI생산, 나노측정 및 분석 기술 분야에서의 기술혁신에 추가적으로 활용될 수 있다.

---

12) 여기서 eV(Electron Volt)는 양성자 빔의 에너지를 나타내며, 이는 가속된 양성자의 속도와 직결된다. 주로 GeV(Giga Electron Volt)급 이상은 연구용으로 적합하며 MeV(Mega Electron Volt)급 또는 KeV(Kilo Electron Volt)급은 산업용으로 활용성이 높다. 한편, mA는 빔 전류이며 이는 동시에 가속시킬 수 있는 양성자의 개수를 의미하는 것으로서 수치가 높을수록 생산효율성 측면에서 우수하므로 산업적 활용도가 높은 것이다.
13) 유럽의 ESS(European Spallation Source)는 아직 착공하지 않고 계획 중인 단계임(2005년 6월 30일 현재).

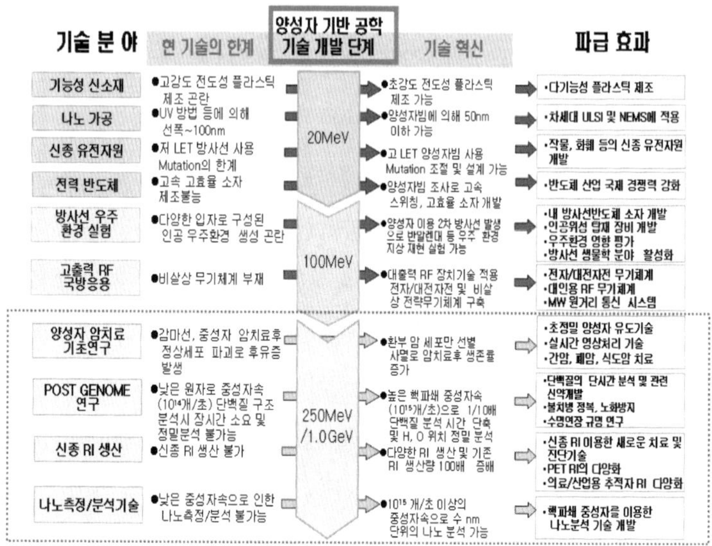

자료: 양성자기반공학기술개발사업단, 2006

(그림 4-14) 양성자기반공학기술의 개발 단계별 기술혁신의 내용

경주에 위치하게 되는 양성자가속기는 우리나라에서 최초로 독자적인 대전류 선형양성자가속기개발이라는 측면에서 의의가 크다. 다만 현재 국내 일부 기관에서는 의료 분야 및 동위원소 생산을 위해 가속기를 수입하여 설치하고 있으며, 이들 가속기와 본 사업의 가속기의 차이는 아래 그림과 같다. 특히 본 양성자가속기는 기존 가속기와는 달리 다수의 빔라인을 통해 여러 사용자에게 다양한 빔을 동시에 공급할 수 있는 특징을 가지고 있다.

자료: 양성자기반공학기술개발사업단, 2006.

(그림 4-15) 국내 타 가속기와의 비교

다. 양성자가속기 관련 기술로드맵

(그림 4-16)은 양성자가속기사업의 일정별 기술개발 목표와 각 기술 간의 연계성을 나타내는 기술로드맵(TRM: Technology Road Map)으로서, 개발 대상 기술은 가속장치 개발 분야, 빔 이용 분야, 가속장치 응용 분야 등 총 세 분야로 이루어져 있다.

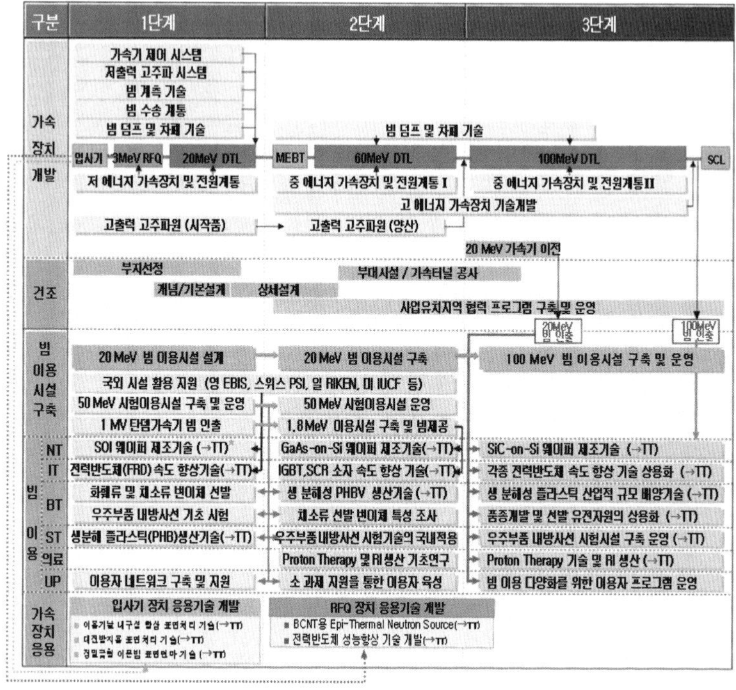

자료: 양성자기반공학기술개발사업단, 2006.

(그림 4 - 16) 양성자기반공학기술개발사업 기술지도
(PEFP's technology road map)

가속기장치개발 분야에서는 핵심제작기술로서 입사기, 3MeV RFQ, 20MeV DTL, MEBT, 10MeV DTL, 100MeV DTL, SCL 등의 기술이 순차적으로 개발될 예정임. 이러한 핵심 기술 이외에도 주변기술로서 가속기 제어 시스템, 저출력 고주파 시스템, 빔 계측 기술, 빔 수송 계통, 빔 덤프 및 차폐 기술, 저에너지 가속장치 및 전원계통, 고출력 고주파원 등의 기술이 개발될 예정이다.

가속기 제작에 맞추어 이용자들이 빔 사용을 위해 관련 빔 이용시설의 구축이 필요하므로 빔 이용 분야에서는 빔 이용시설 구축과 빔 이용지원 활동을 하게 된다. 아울러 20MeV, 100MeV 양성자 빔을 제작에 활용된 입사기 장치기술의 산업적 응용, RFQ 장치 기술의 산업적 응용도 추진되고 있다.

가속장치와 빔 이용시설이 설치될 구조물의 건설 공사 분야는 부지선정에서부터 가속터널 공사 및 부대시설 공사에 이르기까지 순차적으로 계획되어 있다. 건설과 병행하여 실시될 사업유치 지역 협력 프로그램은 가속기의 완공 이전부터 사업유치 지역에 양성자 빔 이용관련 연구기반을 조성하고 지역 경제 및 학술 분야에서 실질적인 기여를 하기 위한 체계적인 프로그램 가동을 목표로 하고 있다.

(그림 4-16)의 기술지도에서 빔 이용 분야 및 가속장치응용 분야에서의 기술개발 현황을 좀 더 자세히 살펴보면 (그림 4-17)과 같다. 이 기술들은 실용화를 목적으로 개발 중인 것으로서, 민간 참여기업의 공동 참여로 추진되고 있다. 이러한 실용화 기술 중에서도 양성자/이온빔 장치기술, 반도체 운반용기 등의 표면 전기전도성 향상, IBAD용 이온빔 장치개발, 이용기날 내구성 향상 표면처리기술 등은 이미 산업화까지 완료한 상태로서 민간 참여기업에서 상업적 생산을 실시하고 있다.

구분	기술분야	개발기술명	기업체명
산업화 완료	가속장치응용 기능성신소재	▷ 양성자/이온빔 장치기술 ▷ 반도체 운반용기 등의 표면 전기전도성 향상 ▷ IBAD 용 이온빔 장치개발 ▷ 이용기날 내구성향상 표면처리기술	㈜ 에이빔 ㈜ 한국프라코 ㈜ 삼성전자 ㈜ 하성 e-sis
기술개발완료 산업화 추진중	가속장치응용 기능성신소재	▷ 고분자재료 대전방지용 표면저리기술 ▷ 정밀금형 이온빔 연마 기술개발 ▷ Spin-off 기술실용화(BLU금형, 연료분사기 내식, 내마모, 드릴) ▷ 저에너지 빔이용(보석발색, 시계외장표면처리, 녹즙기기어)	㈜ 엑셀코리아 아이에스하이텍㈜ ㈜ 삼화양행 ㈜ 아자젬스 ㈜ 그린파워켐포
	NT	▷ Ion-cut에 의한 SOI 반도체웨이퍼 제조기술개발	㈜ BNP 사이언스
	BT	▷ 유용유전자원 개발(생분해성 플라스틱 : PHB)	(기술이전 협의중)
기술개발 중	가속장치응용	▷ 고출력 고주파원 개발(클라이스트론)	㈜ 프로 씨스콤
	NT	▷ Ion-cut에 의한 GOI 웨이퍼 제조기술(화합물반도체 박막제조)	㈜ BNP 사이언스
	BT	▷ 유용유전자원 개발(생분해성 플라스틱 : PHBV) ▷ 채소 및 화훼류 신품종개발	지노믹트리㈜ 더마랩㈜ 뉴서울종묘 기술연
	IT	▷ 양성자 균일조사기술 및 Si-반도체 유도결함분석기술	(위덕대학교)
	ST	▷ 우주부품 내방사선 시험기술개발(인공위성 부품개발)	㈜ 에이시스
	의료	▷ 양성자 세라피 시스템개발(양성자 암치료), 동위원소개발	㈜ SF테크놀리지

자료: 양성자기반공학기술개발사업단, 2006.

(그림 4-17) 개발 완료 또는 개발 중인 미래원천기술 내용

이러한 미래원천기술의 개발 및 실용화 추진현황은 현재 가속기완공 이전 시점에서 본 사업단이 보유한 자체 소형 가속기와 국내외 타 양성자가속기의 빔을 활용하여 이루어진 것이므로, 향후 사업 2단계 및 3단계, 더 나아가서 양성자가속기 건설완료 이후 정상가동이 개시되는 시점에서 이르게 되면 보다 더 폭넓은 미래원천기술의 개발과 활발한 실용화 추진 성과가 이루어질 것으로 전망된다. 양성자가속기 기술의 개발 및 성숙에 따라 관련 기업들이 속속 경주에 입주할 것이다. 입주기업들이 원활한 사업을 전개하기 위해서는 금융인프라의 기능이 그 어떤 기능보다 중요하다. 이하에서는 경주에 위치하게 되는 금융인프라구축에 대해 알아보도록 하겠다.

5

경주첨단과학도시

제1절 경주첨단과학도시 구축 기본방향

　방폐장은 원자력에너지 순환사이클의 한 부분을 담당하는 시설이다. 경주시가 인접한 포항, 영덕, 및 울진 등은 이미 원자력 관련 시설이 군집(Cluster)을 이루고 있다. 즉 울진과 경주시 월성 지역의 원자력 발전소 시설, 포항의 방사광 가속기 시설, 포항테크노파크, 포스텍, 나노집적센터, 영덕의 풍력발전 및 태양광발전사업, 중저준위 방폐장, 한국수력원자력 본사, 원자력 종합타운 등이 가동 또는 입주 예정이다. 이러한 원자력 관련시설의 군집은 스페인 바스크 에너지 클러스터에 견줄 만한 것으로서 이를 산별적으로 활용하기보다는 상호 협력과 연계 추진을 통해 클러스터화를 추진하여 국가 첨단과학시설의 활용을 극대화시킬 필요성이 제기되고 있다.

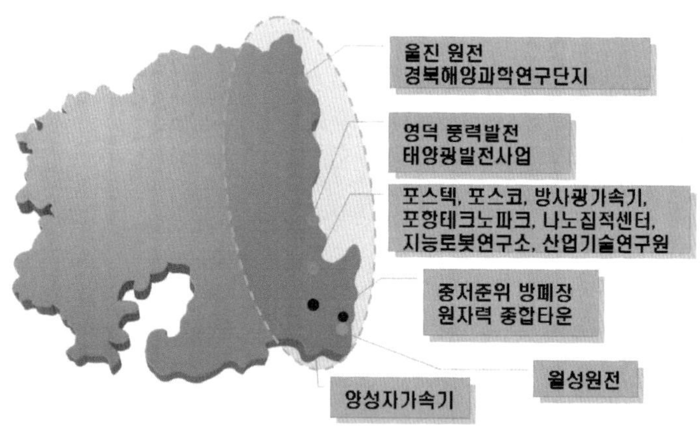

(그림 5-1) 동해안 에너지 클러스터의 축

　동해안 지역은 원전, 방폐장, 양성자가속기, 방사광 가속기, 풍력발전소 등 에너지 관련 시설의 집중화가 이루어져 있으므로 향후 스페인 바스크지방과 같이 에너지 클러스터로 확장될 것으로 기대된다. 동해안 에너지 클러스터는 울진~영덕~포항~경주를 잇는 동해안 지역 에너지 벨트 구축과 방폐장 유치 지역을 중심으로 에너지·환경기업도시 조성을 기본적인 추진방향으로 하여, 원전과 풍력발전단지 조성, 『중·저준위 방폐장』과 양성자가속기 건설, 첨단퓨전기술연구소 건립, 사이언스 빌리지(Science Village) 조성 등을 주요 사업내용으로 하고 있다. 경북 동해안 지역은 현재 가동 중인 국내원전 20기 중 10기(울진 4, 경주월성 4)가 위치해 있고, 건설 계획 중인 12기 중에도 8기(울진 4, 경주월성 4)가 건설될 국내 원자력발전의 최대 집적이다. 특히, 국내 최대 영덕 풍력발전단지(총 24기/39.6MW)와 영덕, 대구, 경주 지역의 태양광발전사업 추진으로 풍력·태양광 등 대체에너지산업의 중심지이다.

〈영덕에 설치된 풍력발전시설과 신재생에너지 국내 보급비율〉

〈포항방사광가속기〉　　　　〈방사성폐기물 처리장〉

〈월성 원자력 발전소〉　　　　〈양성자가속기 연구센터〉

(그림 5-2) 동해안 에너지 클러스터 주요 구성 시설

　영덕 풍력단지 개발을 시행한 유니슨(주)은 경상북도 대관령 일대에도 2006년 10월 상업운전을 목표로 설비용량 98MW의 국내 최대규모인 강원풍력발전단지를 건설하고 있다. 또한 정부의 신재

생에너지 3대 중점 개발 분야 가운데 하나인 풍력발전시스템개발 주관기관으로 선정돼 750kW급 풍력발전기 개발을 완료했고 국내 최초로 독일 GL로부터 설계인증을 받았다. 오는 2007년까지 2MW 멀티브리드형 풍력발전시스템 개발 및 저풍속 고효율 풍력발전기 개발과 중소형 태양광발전 시스템의 개발 등에 주력할 방침이다. 국내 풍력발전 기술 개발에 공동 참여한 독일은 전기 소비량의 9.3%를 신재생에너지에서 공급받고 있을 정도로 이 분야의 기술 선도국가이며 에너지 기업 라메이어는 한국 업체 유니슨(주)과 공동으로 투자해 경북 영덕에 이미 풍력단지를 설치하였다.

독일 연방 16개주 중 가장 큰 주인 노드라인베스트팔렌 주는 주정부 차원에서 신재생에너지 산업 세일즈에 나서고 있으며 동해안 에너지 클러스터와 관련하여 이미 경상북도와 접촉하였다.14) 독일 에너지 기업들은 한국 시장 공략에 관심을 가지고 있으며, 이 기업들은 원유 값이 크게 오르면서 연료전지 등 대체 에너지 사업에 관심이 큰 국내 기업들과 손잡아 국내 에너지 시장을 뚫겠다는 전략을 세우고 있다

따라서 국내 신재생에너지의 선두 그룹을 형성하고 있는 동해안 지역이 향후 국내 및 국제적인 신재생에너지 생산 산업의 거점으로 활용될 수 있는 잠재력이 크다. 이미 구미의 LG실트론이 태

---

14) 2003년 4월 28일에는 두 지자체 간 교류확대를 위해 독일 노드라인
베스트팔렌 주 현지에서 에너지 분야에 대하여 상호교류 협력 증진
을 위한 MOU를 체결하였으며, 지난 2003년 10월에는 경주세계문
화 엑스포에 주정부 차관이 방문한 바 있음.

양광발전 관련 재료를 생산하고, 대성그룹이 태양광 및 수소발전과 관련된 연구를 진행하고 있다는 점도 에너지 클러스터 조성에 큰 호재이다.

원자력, 풍력 등 에너지·환경기술(ET)을 주도할 첨단퓨전기술연구소, 해양산업 육성과 조력·파력 등 해양에너지의 활용을 연구할 경북해양과학연구단지(GMSP)의 건립과 국내 최고수준의 과학기술 주거휴양단지를 지향하는 사이언스 빌리지(Science Village) 조성까지 더해진다면, 경북 동해안 지역은 명실 공히 국내 독보적인 에너지 클러스터 및 세계적인 에너지산업의 중심메카로 성장 발전할 것으로 기대된다.

특히 한국가스공사(대구)와 한국전력기술(경북)이 공공기관 이전 방침에 따라 우리 지역에 오게 되는 등 공공기관 이전 계획에 따라 에너지 산업군이 동해안 지역에 집중되고 있으며, 정부가 신재생에너지에 대한 지원금액을 올해부터 매년 20% 이상씩 늘릴 계획을 발표한 것은 동해안 에너지 클러스터가 국내 신재생에너지 산업을 주도할 수 있는 가능성을 높여주고 있다.

기후변화협약(교토의정서) 관련 인력양성사업을 이미 시작한 경북대를 비롯해 포항공대, 영남대 등 지역대학들의 인력양성 기반도 풍부한 것이 장점이다. 중·저준위 방폐장과 양성자가속기의 건설은 동해안 에너지 클러스터 구성에 중추 역할을 수행할 수 있을 것으로 기대된다.

제2절 첨단과학도시에 필요한 금융인프라

경주에 위치하고 있는 첨단과학연구시설 관련기술이 산업계에 이전되면 많은 기업들이 속속 경주에 입주할 것이다. 이에 따라 금융지원에 대한 인프라의 중요성이 대두된다. 첨단기술의 산업화는 고도의 사업위험이 수반되는 것이 일반적이다. 따라서 기존 기업의 사업참여 및 벤처 기업의 창업을 지원할 수 있는 기금의 육성이 필요하며 클러스터 내 전체 기업에 대한 기금지원의 총괄적 관리 체계가 필요하다. 즉 첨단과학기반공학기술창업, 진흥기금 등이 필요하다. 초기 자금형태로는 정부 기금의 출연, 은행 등 기관 투자가의 출연, 개인투자가(White angel)의 출연, 각종 기술설명 프로그램 운영을 통해 기금출연기관과 신기술 개발을 담당한 연구진이 만나는 기술설명회 등을 상시적으로 개최하여 기술에 대한 투자를 촉진한 형태가 이루어질 것이다. 또한 기술평가 및 기술담보 대출 체계의 수립을 통해 기금의 사용과 집행은 기존 산업의 일반적 관행인 현물담보대출을 과감히 탈피하여, 기술에 대한 객관적인 평가에 기반을 둔 기술담보대출 방식으로 추진될 것이다.

이에 따라 첨단과학도시 구축 시 필요한 금융인프라는 첨단산업단지운영센터(가)와 경주과학산업재단(가)으로 구성하는 것이 바람직하다. 이 두 기관은 상호 협력 및 감시 기능을 통해 투명하고 효율적인 예산의 집행과 활용을 유도하도록 한다.

첨단산업단지운영센터(가)는 종합운영기능을 담당하는 기구로 R&DB단지 전체의 장단기 예산 편성 및 조직별 기관별 예산 배정 결정에 관한 권한을 갖는다. 또한 첨단과학기술 산업화 및 벤처기금조성에 참여한 민간 및 정부의 금융인프라를 통합 관리하며, 기금에서 발생하는 수익을 체계적으로 관리하는 역할도 한다. 센터가 정상운영에 이르기까지 초기 운영예산의 지원 필요하다.

경주과학산업재단(가)은 기술금융 분야에 전문화된 기능을 담당하며, 기금의 조성과 예산의 실제 집행 및 사후관리 권한을 갖는다. 특히, 벤처기업 창업 및 지원 시 기업 및 보유 기술에 대한 평가 업무를 수행한다. 첨단과학관련 기술이 산업에 이전되는 데 용이하도록 하기 위해 재단사옥은 사업부지 내에 건립하는 것이 바람직하다. 관련 예산으로는 사옥의 신축과 소요 기기의 구입, 운영 인력의 단계적 확충 등이 필요하다. 재단의 운영은 각 주체들이 납부한 기금의 육성과 활용으로 충당한다. 즉 정부, 지자체, 기관투자가, 개인투자가 등이 참여하여 경주 첨단 산업 창업 및 진흥 기금을 조성하여 운영 재원으로 활용한다. 기금의 사용과 집행은 기존 산업의 일반적 관행인 현물담보대출을 과감히 탈피하여, 기술에 대한 객관적인 평가에 기반을 둔 기술담보대출 방식으로 추진하는 것이 바람직하다. 관리 센터에서는 기금의 효과적인 집행을 위한 각종 프로그램을 개발하여 운영하며, 미국 UCSD Connect 프로그램의 Meet Researcher Program과 같이 기금출연기관과 신기술 개발을 담당한 연구진이 만나는 기술설명회를 상시적으로 개최하여 기술에 대한 투자를 촉진한다. 장기적으로는 기업에 대한 경영컨설팅 역할도 담당할 수 있도록 한다. 또한 기술금융 선진국인 미국과 유럽등지에 정기적으로 인재를 파견하여 인재육성과 선진 프로그램의 도입을 촉진해야 한다.

이러한 금융인프라의 구축으로 인해 국내외 금융프로그램의 도입 및 신금융 프로그램의 개발이 가능해짐으로 인해 기술금융에 대한 지역 내 역량이 강화될 것이다. 또한 향후 장기적인 사업추진에 필수적인 예산 운용과 기획을 전담하게 하여 연구 인력은 연구개발에만 집중할 수 있는 여건을 조성하게 된다.

벤처기업 창출을 위한 인큐베이팅 기능과 기존 기업의 유치를 위한 자금의 조성과 운용 기능이 필요하다. 첨단기술의 산업화는 기업입장에서는 신규 사업으로의 진출이다. 따라서 자금의 신속한 조달은 신속한 산업화와 직결된다. 특히, 벤처기업의 경우 자금 조달이 가장 시급한 현안이다. 또한, 자금의 규모가 풍부해야 다양한 분야에서의 기술 실용화를 병행 추진할 수 있다. 따라서 이러한 요구 조건을 만족할 수 있는 경주첨단산업창업 및 진흥기금의 조성이 필요하다. 이러한 기금은 정부 기금의 출연, 은행 등 기관 투자기의 출연, 개인투자가(White angel)의 출연 등으로 이루어질 수 있다. 기금의 운용으로 발생하는 수익은 연구개발과 산업화에 재투자하는 선순환 고리를 형성한다. 기금의 육성과 집행은 전문 관리 기구 경주과학산업재단(가)이 담당하는 것이 바람직하다. 기금의 조성으로 인해 기대되는 효과는 신기술개발에 대한 과감하고 신속한 투자가 가능, 창출된 수익이 지역 내 기술개발에 다시 투입되는 선순환 고리의 형성 등이 있다.

• 저자 •

허형도　**• 약　력 •**

Indiana University at Bloomington(경제학박사)
(전)동력자원부 장관자문관
(현)동국대학교 경영관광대학 경상학부 국제통상학전공 교수

• 주요논저 •

「경주 양성자가속기 중심 협력체제 구축 방안 연구」
「석유자원의 안정적 확보방안」
「에너지비용 측면의 국제경쟁력과 에너지절약정책방향」
외 다수

배기수　**• 약　력 •**

한양대학교 대학원(경영학박사)
(전)한국전자통신연구원(ETRI)
(현)동국대학교 경영관광대학 경상학부 회계학전공 조교수

• 주요논저 •

「경주 양성자가속기 중심 협력체제 구축 방안 연구」
「휴대인터넷 기술가치 분석」
「휴대인터넷 서비스 사업타당성 분석」
외 다수

동해안 경주 지역

에너지 클러스터와
첨단과학도시 경영

• 초판 인쇄	2007년 9월 30일
• 초판 발행	2007년 9월 30일
• 지 은 이	허형도 · 배기수
• 펴 낸 이	채종준
• 펴 낸 곳	한국학술정보㈜
	경기도 파주시 교하읍 문발리 526-2
	파주출판문화정보산업단지
	전화 031) 908-3181(대표) · 팩스 031) 908-3189
	홈페이지 http://www.kstudy.com
	e-mail(출판사업부) publish@kstudy.com
• 등 록	제일산-115호(2000. 6. 19)
• 가 격	9,000원

ISBN 978-89-534-7177-1 93320 (Paper Book)
　　　 978-89-534-7178-8 98320 (e-Book)